策略

ブラック授業づくり

つまらない普通の授業にはブラックペッパーをかけて

中村 健一 著

明治図書

はじめに

２匹目のドジョウがいた。

第１作『策略―ブラック学級づくり　子どもの心を奪う！クラス担任術』が、売れた。驚くほど、売れた。２０１５年、２０１６年の明治図書ベストセラーランキング第１位になってしまったほどだ。早くも１万部を突破。見事なホームランである。

「２匹目のドジョウを狙うのは格好悪すぎる」と、嫌々書いた第２作『策略プレミアム―ブラック保護者・職員室対応術』も、売れた。もちろん、第１作ほどではない。それでも、現在６０００部。教育書としては、ヒットと言えるだろう。

２匹目のドジョウは、確かにいたのだ。

では、３匹目のドジョウはいるのか？　そんな知的好奇心から、とりあえず本書の執筆に取りかかってみることにする。

アクティブ・ラーニング、全盛の時代である。某M出版から刊行される教育書のタイトルにも『アクティブ・ラーニング』をつけたものが多い。

理由は、簡単。『アクティブ・ラーニング』をタイトルにつけておけば、売れるからだ。たとえば、某M出版の「総合ランキング」である。２０１６年7月28日（私の誕生日）のランキングでは、上位10位の内、９の本に『アクティブ・ラーニング』とつけられていた。ベスト10の内、９！　まさに、時代は「アクティブ・ラーニング・バブル」なのだ。

『ブラック』と『アクティブ・ラーニング』が合わされば、まさに最強。鬼に金棒。『策略ブラックーアクティブ・ラーニングの授業』なんてタイトルなら、それだけで売れそうだ。

しかし、本書が対象としているのは、「普通」の授業である。年間１０００時間を超える授業の多くは、「普通」の授業だからだ。そして、つまらない「普通」の授業に子どもたちを乗せるには「策略」が必要だからだ。

タイトルは、ずばり『策略ーブラック授業づくり　つまらない普通の授業にはブラックペッパーをかけて』。今回も本書を担当してくださる某M出版の佐藤智恵氏がつけてくださったタイトルだ。佐藤氏は、非常にセンスのある方だと思う。

さらに第3章では、「教師生活を生き抜くための『危機回避』術」と題して、第1作、第2作で書けなかった「策略」について書いてみる。

『ブラック』シリーズも、さすがに本書が最後の予定である。そこで、若手に伝えたいことは、全て書ききっておきたいと思ったからだ。

でも、この本も売れたら、『帰って来た―策略ブラック』と銘打って出すかもね。その辺りは、割り切った大人のブラックな対応で。

では、今回も世間を敵に回すことを覚悟しつつ、少数の『ブラック』愛好家のために、筆を進めてみたいと思う。

最後に、この言葉を仲間たちに捧ぐ。

全ての教師よ。厳しい現場を生き抜くために、「黒くなれ!」

「日本一のお笑い教師」改め「腹黒教師」中村健一

もくじ

第2章 クラス全員を乗せてしまう「微細」授業術

第3章 教師生活を生き抜くための「危機回避」術

第１章
授業をウマくこなすための基本術

子どもは教師の授業をシッカリ聞くものだ……まずはそんな思い込みを捨てた方がいい。

授業をウマくこなすための基本的な考え方を伝授しよう。

どんな授業も休み時間には勝てない

思い切って、言い切ってしまう。

授業は子どもたちにとって、つまらないものである。

教師にとって、まずは、この自覚がものすごく大切だと思う。

そもそも、子どもたちは授業を受けたくて学校に来ているのではない。友達に会いたくて来ている。休み時間に遊びたくて来ている。給食が食べたくて来ている。少なくとも、私が小学生の時は、そうだった。

休み時間や給食時間が、子どもたちにとって「本業」なのだ。授業は、「副業」でしかない。

想像してもらえば、いいだろう。

「学校で一番好きな時間は？」「学校で一番楽しい時間は？」

この質問に、「授業中！」なんて答える子どもは、どこか怪しい。不健全な臭いがする。

やはり、「休み時間！」「給食！」と答える子どもの方が健全ではないか。

もともと、子どもたちは授業が嫌いなのである。少なくとも、好きではない。

我々教師だって、そうだろう。私は、仕事が好きだ。しかし、休みは、もっと好きだ。

休みより仕事の方が好きな大人は、なんか怪しい。不健全だ。（と思うのは、私だけか？）

我々教師だって、休みの方が好きなのだ。子どもたちだって、授業よりは休み時間の方がいいに決まってる。

どんなに教師が楽しい、面白い授業をしても、子どもたちは、休み時間の方が好きなのだ。給食の方が好きなのだ。

「オレの授業は面白いから、子どもたちは授業を楽しみにしている」なんてのは、教師の錯覚であり、思い上がりである。

もちろん、だからと言って、子どもたちに楽しい、面白い授業を提供しなくていいという訳ではない。

子どもたちが学校で過ごす時間の多くは、授業時間である。

たとえば、私が勤務している学校では、朝の8時10分に子どもたちがやって来る。下校時刻は、15時55分。だから、学校にいる時間は、7時間45分である。その内、授業時間は45分×6時間だから、２７０分。4時間半である。

つまり、学校生活の半分以上は、授業時間だ。

その時間が楽しいか、つまらないかは、子どもたちにとっては、死活問題である。

教師は「子どもたちは、授業が嫌いだ」ということを理解しながらも、少しでも子どもたちが楽しい、面白いと感じる授業をしなければならない。

それには、プロ教師の「策略」が必要だ。

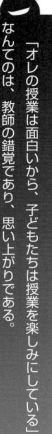

「スペシャル」な授業はいらない

子どもたちは、授業が嫌いである。そのことを自覚しながらも、少しでも楽しい、面白い授業をすることが大切だと述べた。では、どんな授業をすればいいのか？　そんな特別な、スペシャルな授業をする必要があるのだろうか？

昔の教育書は、スペシャルな教師が行うスペシャルな授業について書かれたものが多かった。

たとえば、授業名人・野口芳宏氏の「うとてとこ」をイメージしてもらえばよい。教材は、谷川俊太郎氏の言葉あそびの詩を用いたスペシャルなものだ。この詩を使うだけで、子どもたちは惹きつけられるだろう。そして、授業展開もスペシャルの一言。授業の冒頭の板書、「うとてとこ」。訳の分からない呪文のような提示がいい。さらに、一行ずつ先を予想させながら板書していくのも、さすが！　である。巧みに○×など2択の発問を続けていき、学習者を高みへと引き上げる「向上的変容」も野口氏の主張そのものである。小刻みなノート作業のさせ方もすごい。音読や第3連を作る創作的な活動も楽しい。まさに、野口氏の「うとてとこ」の授業は、芸術の域だ。

昔の教育書は、野口氏の「うとてとこ」のようなスペシャルな教師が行うスペシャルな授業について書かれていた。だから、面白かった。

有田和正氏の「一寸法師」、向山洋一氏の「春」なども、スペシャルな教師が行うスペシャルな授業の典型だろう。どれも教科書通りではない、スペシャルな教材を持ち込んでいるのが特徴である。（興味のある方は、「野口芳宏　うとてとこ」「有田和正　一寸法師」などで検索すると良い。たくさんヒットし、どんな授業かイメージができるだろう）若い私は、教育書を買い込み、これらのスペシャルな授業を追試したものである。

しかし、今の教育書は、学級づくりについて書かれたものがほとんどだ。しかも、スペシャルな教師が行うスペシャルな学級づくりの本ではない。それこそ、初任者でも行えるような「普通」の学級づくりについて書かれた本がメインになっている。

だから、今の教育書は、つまらない。

では、子どもたちを乗せるためには、昔の教育書に書かれていたようなスペシャルな授業をすればいいのか？

もちろん、時には、スペシャルな授業を追試し、子どもたちを喜ばせるという「策略」も必要だろう。しかし、

我々教師は、１年間に１０００時間を超える授業をしている。その１０００時間全てにスペシャルな授業を準備するのは不可能である。

いや、１０００時間全て、スペシャルな授業をしてしまうスペシャルな教師はいるのだろう。しかし、私は「普通」の教師である。そんなことをしてしまったら、寝る暇もなくなって、体を壊してしまう。私には、１０００時間全て、スペシャルな授業を行うという「策略」は無理である。

私のような「普通」の教師が行う授業の多くは、教科書を使った「普通」の授業だ。だから、その「普通」の授業に子どもたちをいかに乗せていくか？　その「策略」が非常に大切になる。

教科書なしで、1000時間も授業できるか!

「私のような『普通』の教師が行う授業の多くは、教科書を使った『普通』の授業だ」と書いた。

なんとなく「教科書を使った『普通』の授業」が「スペシャルな授業」に劣っているような印象を与えてしまった気がする。

しかし、違う。

スペシャルな授業よりも、教科書を使った「普通」の授業の方がはるかに難しい。

たとえば、ものすごく上等な大トロがあったとする。誰が料理しても、きっとそこそこはおいしいはずだ。いや、そこそこではないな。ものすごくおいしいはずだ。

しかし、普通の赤身を上手に料理するのは、難しい。おいしく料理するためには、プロの技術、プロの「策略」が必要なのである。

これと同じで、スペシャルな授業をうまくやるのは、難しいことではない。もともとのネタ、教材、授業展開、発問、指示などが優れているのだから、授業の腕が少々まずくても、子どもたちは乗ってくる。しかし、

教科書通りの授業をうまくやるのは、難しい。
子どもたちを乗せるためには、プロの技術、プロの「策略」が必要なのである。

しかも、我々教師には、教科書の使用義務があることを忘れてはならない。

私は、法律に詳しい。ものすごく詳しい。私の法律の知識で、親友・土作彰氏を奈良・高田駅前交番の前での窮地から救ったことがあるほどだ。

そんな私は、『学校教育法』第34条に次のように書いてあることを知っている。

小学校においては、文部科学大臣の検定を経た教科用図書又は文部科学省が著作の名義を有する教科用図書を使用しなければならない。

小学校だけでない。中学校も、高校も同様だ。

教科書を使って授業しなければならないと、きちんと法律で定められている。日本は法治国家だ。教師は、教科書を使わない訳にはいかない。

また、保護者も子どもたちも、「教科書神話」を信じている。「授業は教科書を使って行うもの」「教科書を使うのが当たり前」と思っているのだ。だから、教科書を使わない授業をすると、不安になる。そして、それが担任不信につながる。

でも、この不安は、当然かな。たとえば、1年間、全く教科書を使わないで授業をする教師がいたとする。「本当に大丈夫?」と、私でも心配になる。その教師がどんなに力を持っているスペシャルな方であってもだ。

だから、私は必ず教科書を使う。

私も、たまにスペシャルな授業をすることがある。たとえば、私が一生懸命研究してきた「ワークショップ型授業」である。「ワークショップ型授業」は、まさに「アクティブ・ラーニング」の1つだろう。

社会科では、上條晴夫・江間史明編著『ワークショップ型授業で社会科が変わる小学校―〝参加・体験〟で学びを深める授業プラン19』（図書文化社）に掲載されている授業など、今でもよくやる。

しかし、「ワークショップ型授業」を行った後には、必ず教科書だけは読んでおく。そうしないと、前述したように、保護者や子どもたちの不信を招く可能性があるからだ。どんなに楽しい、スペシャルな授業でも、その授業をやるだけではダメ。教科書以外の授業を行いたければ、それなりの「策略」が必要だということだ。

いずれにせよ、法律を守るためにも、保護者や子どもたちの信頼を勝ち得るためにも、教科書を使わない訳にはいかない。

教科書を使って、子どもたちが乗ってくる授業をするのは、かなりの力量が必要だ。特に若手教師には、難しいことだろう。

それでも、教師は、教科書を使った「普通」の授業にいかに子どもたちを乗せるか？「策略」を持たなければならない。

「早口」で子どもを乗せろ

私に会ったことのある方なら、ご存じだろう。私は、ものすごく早口である。

そして、授業中は「策略」として、さらに早口で話すことにしている。

それは、なぜか？

早口にするだけで、子どもたちが授業に乗ってくる

からだ。

今どきの子どもたちは、早いテンポに慣れている。

わずか15秒の中にくり広げられるＣＭのストーリーを理解できる。ころころコーナーが

変わるバラエティ番組の展開についていける。

そして、バラエティ番組でくり広げられるトークも、ものすごく速いテンポだ。それを子どもたちは喜んで見ている。

今どきの子どもたちは、テンポが速いものが好きなのだ。そして、テンポが速くても、理解できるのだ。

逆に、テンポがないものが苦手だ。ゆっくり、じっくり考えるのも苦手だ。

よくも悪くも、今どきの子どもたちは、こんな特性を持っている。

だから、そんな子どもたちに、「みなさ〜ん、こ〜れ〜か〜ら〜、授業を〜……」なんてゆっくりのテンポは、かなり遅く感じられるに違いない。そして、かなり退屈に感じられるに違いない。

また、早口で話せば、情報量も当然、増える。ゆっくり話す45分間と早口で話す45分間の情報量には、ものすごい差があるだろう。

情報量が多くて、子どもたちが乗ってくるのだから、まさに一石二鳥である。

ちなみに、私の経験上、

話すスピードと、子どもたちの理解度は、関係ない

ようだ。私の早口の指示に、子どもたちは、ついてくる。私の早口の説明でも、テストの点数は悪くない。

そういえば、以前、授業研究の時に、教師同士で評価する学校に勤務したことがある。「発問」「板書」などの項目ごとに5段階で評価するのだ。

私の授業を見た同僚の1人が「話し方」に「2」という厳しい評価をつけていた。しかも、理由は「話すスピードが速い」である。

しかし、その後に続くコメントが面白い。「でも、指示は通っていた」と書かれていた。「指示が通っているなら、ええやん！」とツッコみたくなる。

このエピソードからも分かるように、話すスピードと子どもたちの理解度は関係ない。

子どもたちを普通の授業に乗せるために「策略」として、まずは、少し早口でしゃべってみることをオススメする。

「無駄な動き」が実は、子どもたちを満足させる

子どもは、ジッと黙って座って話を聞くのが、嫌いで苦手。

これが私の児童観であり、授業観のベースである。私はこの考えをもとに、つまらない普通の授業にいかに子どもたちを乗せるか？　「策略」を巡らせて授業を行っている。

以前、ＮＨＫ（Ｅテレ）の取材を受けたことがある。３時間の授業を撮影されたディレクターの方から、

「中村先生のクラスは、本当によく動きますね。あんなに動いて子どもたちは疲れませんか？」

と質問された。確かにそうだ。私のクラスの授業では、子どもたちの動きが多い。立ったり座ったり、声を出したりする機会が本当に多いのだ。

ディレクターの方の質問に、私はすぐに答えた。

子どもたちは、ジッと黙って座って話を聞くのが、一番苦手なんです。教師の話をずっと黙って座って聞いている方が、よっぽど疲れます。動いている方が楽ですよ。

私は、この言葉は正しいと確信している。だから、私の授業では、子どもをとにかく動かしまくる。

立ったり座ったり、一斉に声だしをしたり、拍手をしたり、とにかく子どもが動いているのだ。

たとえば、「教科書○ページを開きなさい」と指示したとする。恥ずかしながら、私のクラスには、この指示に動けない子がいる。荒れた学校なので、わざと開かない子もいる。

そんな時、私はどうするか？　すぐに、

「○ページを開いたら、立ちます」

と指示する。すると、全員、教科書を開かざるを得ない。

「誰が早く立てるか勝負！」とゲーム化もする。そして、「○○くん、一番！」とフォロー（評価）する。さらに、「ここまでベストイレブン！　仕事の早い人たちだ！」「ここまでが合格。○年生として十分な早さだね」とフォローし続ける。

全員が立ったら、「隣の人に○ページが開いているのを確認してもらったら、座りなさい」と指示する。

そして、「1番早かったのは、○○くんでした。○○くんに拍手～！」とみんなで称賛する。

こうやって、教科書を開こうとしない子を巻き込んで、全員参加させるのである。

また、最初から教科書を開こうとしていた子も、見える化、ゲーム化して、授業に乗せていく。

こういう「無駄」な動きが多いのが、私の授業の特徴だと言える。

でも、全員を授業に巻き込むため、授業に乗せてしまうために、必要な「無駄」だと思っている。「策略」として、「無駄」な動きも多く取り入れているのだ。

教師の腹だけがグーと鳴っていないか？

私がずっと言い続けていることがある。それは、

子どもたちのお腹がすく授業をしよう！

ということだ。

それなのに、教師だけがお腹を減らしている授業をよく見る。つまりは、教師が一方的に説明を続ける講義型の授業である。

先に述べたように「子どもは、ジッと黙って座って話を聞くのが、嫌いで苦手」だ。

教師の一方的な説明など、退屈の極みである。

それなのに、子どもの退屈そうな顔に気づかない。教師だけが気持ちよさそうに説明を続ける。だから、教師だけがお腹が減る。子どもたちはジッと黙って座って聞いているだけだから、お腹が減らない。

教師だけがお腹を減らしてどうする！

と強く言いたい。

文部科学省がアクティブ・ラーニングを取り入れるように言っている。「はじめに」で多少、批判的に取り上げた。しかし、大きくは賛成である。

先生が一方的に話す講義型の授業は、子どもたちは好きではない。これから、ますますその傾向は強まるだろう。

たとえば、私の好きなディベートが、アクティブ・ラーニングの例の1つとして挙げられている。ディベートの授業では、教師の出番は、ほとんどない。せいぜい、司会役ぐらい。いや、司会さえ子どもがすることがある。

となると、教師のお腹はすかない。お腹をすかせるのは、子どもたちである。

アクティブ・ラーニングの授業は、「子どもたちのお腹がすく授業をしよう！」という私の提案にピッタリだ。

アクティブ・ラーニングの授業に反対な訳ではない。何でもかんでもアクティブ・ラーニングだという、この風潮が嫌いなだけだ。

今のところ私は、

年間1000時間を超える全ての授業がアクティブ・ラーニングでできる訳がない

と考えている。

それどころか、アクティブ・ラーニングの授業はホンの一部で、多くの授業は、教科書を使った普通の授業であると考えている。

教師が「教えない」で、子どもたちに考えさせるアクティブ・ラーニングの授業もいい。

しかし、普通の「教える」授業も同じように重要視していかないといけないと強く思うのだ。その思いが本書を執筆している原動力だ。

年間１０００時間を超える教科書を使った「普通」の授業には説明も必要だ。教師の説明抜きには、「普通」の授業は成り立たない。

では、どうするか？

まずは、説明を少なくすることだ。子どもたちはジッと黙って座って聞くのが苦手だという認識のもと、できるだけ説明せずにすむような「策略」を練るべきである。

さらに、説明を短くすることも大切だ。たとえば、

「漢字の読み方には、音と訓の２種類があります。音は、漢字が日本に伝わった時の中国の発音をもとにした読み方です。訓は、その漢字の意味に合う日本語を当てはめた読み方です」

という説明をする時である。10秒程度の説明であるが、これでも、長い。こんな長い一方的な説明は、子どもたちは聞いていない。

そこで、説明を短くする。

「漢字の読み方には、音と訓の２種類があります。音と訓。はい」

私のクラスでは、教師が「はい」と言えば、くり返して言う約束になっている。そこで、

「音と訓」

と、子どもたち全員が声を揃えて言う。

「音は、漢字が日本に伝わった時の中国の発音をもとにした読み方です。音、中国の発音。はい」「音、中国の発音」（子どもたち全員）

「訓は、その漢字の意味に合う日本語を当てはめた読み方です。訓、日本語。はい」「訓、日本語」（子どもたち全員）

このようにして、説明を短くする。そして、「くり返し」という「小さな活動」を入れる。これだけのことだが、子どもたちは飽きにくい。少なくとも、10秒間教師だけが説明し続けるだけよりは、はるかに飽きない。

若手には、まずは「くり返し」という「小さな活動」を授業に入れる「策略」から始めて欲しい。「くり返し」を使う機会は非常に多いからだ。

たとえば、顕微鏡の使い方について説明する時である。

「今から顕微鏡の使い方について説明します。顕微鏡、はい」と教師が言った後「顕微鏡」と「くり返し」言わせる。これだけで、子どもたちが飽きにくくなる。授業にテンポも出る。授業にテンポが出れば、子どもたちは乗ってくる。

本当に些細なことだ。しかし、子どもたちの嫌いな教師の説明を飽きずに聞かせるためには、このような些細な「策略」こそが大切になる。

授業は「小さな活動」を寄せ集めて作れ

子どもたちは、ジッと黙って座って話を聞くことが苦手である。逆に、

動くことは大好き。動かしておけば、子どもたちは飽きずに満足する。

動かしてさえおけば、教科書通りのつまらない「普通」の授業でさえ、楽しい、面白いと感じるのだ。子どもって、チョロい。だから、

授業の中に、「小さな活動」をどんどん入れるという「策略」が有効だ。

昔の授業は、大きく3つに分けて考えられていた。「導入」「展開」「終末」である。しかし、45分を3つに分けるなんて、今どきの子どもに合っている訳がない。

バラエティ番組を見てみるといい。1時間の番組の中に、いろいろなコーナーが用意されている。そして、次々と変わる。1時間ずっと同じコーナーで、なんてことは、ほとんど無くなっているのだ。そんなバラエティ番組に慣れた子どもたちに、45分を3つに分けるなんて、いくらなんでも大雑把すぎる。

私は、今どきの子どもたちに合うように、もっと45分を細かく分ける必要があると考えている。

45分の授業をできるだけ細かく分けて考える。そして、その中に「小さな活動」をできるだけ多く入れる。

こういう「策略」を持って、授業を作ることが大切になっていると感じている。

「小さな活動」の例をいくつか紹介しておこう。

まずは、「声だし」である。

たとえば、「一斉音読」だ。私は、ほとんど5、6年生担任である。しかし、どんどん一斉音読させている。国語の教科書だけではない。算数の文章題、社会科の資料集の説明、理科の実験の手順などなど、どんどん一斉に声を揃えて音読させる。

「一斉に」と言っても、声が揃わない時がある。そんな時は、「速い方に合わせなさい」と言う。すると、どんどん一斉音読が速くなっていく。

鍛えると、子どもたちは驚くほどの速さで声を揃えて音読できる。揃うと、気持ちがいいものだ。子どもたちは、「快」の状態が大好き。どんどん授業に乗ってくる。

教室に一体感が生まれるし、授業にテンポが生まれる。子どもたちの声も大きくなって、一斉音読させると、いいことばっかりだ。

たとえば、「返事」である。機会を見つけて、とにかく返事をさせる。

「今から、話をします」（教師）「はい」（子ども全員）

「先生の目を見て、しっかり聞いてくださいね」（教師）「はい」（子ども全員）

こうすれば、教師が話をする前だけで、2回返事をさせることができる。

ちなみに、私のクラスでは、返事をするのにも約束がある。教師が顔の横に手のひらが見えるように手を挙げる。その手を下ろして「どうぞ」と子どもたちに示せば、クラス全員で「はい」という約束だ。

この約束を使って、どんどん返事をさせている。返事は短いので、声の小さな子も抵抗なく取り組める。どんどん返事をする機会を増やすといい。

先ほど紹介した「くり返し」も声だしの方法の1つだ。さらに、「かけ合い」にする方法もある。

たとえば、わり算の筆算で「たてる・かける・ひく・おろす」を教えたとする。「わり算の筆算の呪文は?」と教師が聞くと、「たてる・かける・ひく・おろす」と子どもたちが声を揃えて答えるお約束を作ってしまうのだ。

授業中、思い出す度に、「呪文は?」と聞く。すると、子どもたちは「たてる・かける・ひく・おろす」と答える。反射的に答えられるようになるまで、くり返し聞くのがいい。

「三角形の面積は?」「底辺×高さ÷2」「÷2は?」「いるんじゃ!」

「平行四辺形の面積は?」「底辺×高さ」「÷2は?」「いらん!」

と公式を確認するのも楽しい。

「姿勢良い時?」「グー・ペタ・ピン」など学習規律の約束をかけ合いにしても有効だ。「確認」もいい。たとえば、顕微鏡の使い方について学習した後である。

「明るく見えるように向きを変えるのは？」「反射鏡」

「対物レンズを下に下げていいの？」「ダメ！」

など、声を揃えて言わせる。最初は間違える子もいるが、くり返し聞くと定着していく。


声だし以外にも、立ったり座らせたりして、「小さな活動」を入れる手もある。


たとえば、地図帳から地名を探させる時、「淡路島を見つけたら、指さして立ちなさい」と言う。そして、全員が立ったのを確認して、「隣の人と同じなら、座ります」と言う。

「全員、起立！　○○（重要語句や公式）と10回言ったら座りなさい」と言うのも有効である。

○×クイズを出して、子どもたちに○×ポーズで答えさせるのも楽しい。

子どもたちは教師の説明が嫌いだ。教師の一方的な説明に、「しんどい」「きつい」と思っていることだろう。だから、

子どもたちを動かしながら話す

ことが大切だ。ぜひ、意識して、「策略」として、取り組んでみて欲しい。

授業は「流れ」じゃない、いかに子どもを「監視」するかだ

友人の多賀一郎氏に招かれ、私学の西日本大会に登壇したことがある。

私の講座は午後からだった。しかし、せっかくの機会なので、始発の新幹線に乗って、朝イチから参加した。公開授業を見るためである。

ちなみに、私は講師ということで、胸につける真っ赤な花を手渡された。多賀氏は面白がってつけるように言うのだが、さすがに断った。あれは嫌がらせ以外の何物でもない。

多賀氏と2人でぐるぐると、いろいろな授業を見て回った。

そして、多賀氏と全く同じ視点で授業を見ていることに気づき、嬉しくなった。

その時の様子を多賀氏がブログ「多賀マークの教室日記」で紹介してくださっている。

多賀氏が快諾してくださったので、転載して紹介する。

授業の見方

私学の大会で授業を観て回った。
中村健一さんも同じところを観ていることが分かってうれしかった。

授業全体の流れは観ていない。
子どもに先生が何をしているのかを観ている。
指示をした後、子どもたちがどう動いているのかをきちんと観ているのかどうか。

音読で声がでていないのに、そのまま。
子どもの反応はスルー。
それではコミュニケーションがとれない。

子どもとのやりとりの光る先生の授業には安心感が漂う。

学習者は子どもなのだから、子どもを見るのは当たり前。
それのできていない授業を「すばらしいです」と言う先生も又授業を観る目がない。
（ブログ「多賀マークの教室日記」）

第1作『策略―ブラック学級づくり』でも、「若手の授業を見ていて気になるのが、『子どもが見えていないな』ということである」と書いた。（105ページ）

この時、授業を参観させていただいて気になったのも、全く同じ点である。

教科書を開いていない子がいるのに、そのまま授業を続けている。一斉音読で声を出していない子がいるのに、そのまま授業を続けている。

これは、一例だ。「○○していない子がいるのに、教師は注意すらしない。やり直しもさせない」そんな場面を数多く見た。

私には、それが不思議で仕方がなかった。それは、多賀氏も同じであったようだ。

やはり、子どもが見えていないのが原因なのだろう。

そういえば、京都橘大学の宮川幸輔くんという学生が、私のクラスを1日参観したことがある。卒論を書くために私の授業のビデオを分析した彼は、

「何度もビデオを見て気づきました。中村先生の目線です。中村先生の目は本当によく動いています。たとえば、中村先生は指示をした後、目玉を動かして、子ども全員を2周ぐらい見ていました」

と言っていた。

確かにそうだろう。私は見ている。全員がきちんとやっているか？　見逃さないように見ている。

そして、やっていない子がいれば、スルーしない。当然、注意する。

「絶対にサボるな。サボると賢くなれない」

と、まずは全体を注意する。それでも、やらない子がいれば、

「それなのにサボっている人がいる。後3人」

と言う。「後3人」と言われて、やらない子がいれば、

「後1人、名前を言おうか⁉」

と厳しく言う。それでも、やらなければ、

「〇〇、ちゃんとやれ！」

と厳しく叱る。

子どもたちは、サボりの天才である。やらない状態を叱らずスルーすれば、どんどん楽へ楽へと流されてしまう。そして、何事も真面目にやらなくなる。

やらない状態をスルーすることは、「やらなくていい」と教えてしまっていると言っても良い。そのぐらい「罪」なことなのである。

それなのに、若手は子どもが見えないから、スルーする。「やらなくていい」と教えてしまっている。だから、授業が荒れていく。

授業の流れなんて、どうでもいい。まずは、子どもを見よう。そして、サボっている子は注意しよう。

年間1000時間を超える普通の授業を全て、キレイな展開、工夫した展開で行うのは無理である。年間1000時間を超える普通の授業を充実させるためには、こういう細部の方が大切なのだ。

教師は、サボっている子は、絶対に見逃さないという「策略」を持つべきである。

話を私学の西日本大会に戻す。午後からは、国語部会で私の講演が行われた。100名以上の方が集まってくださった。会場は、校舎内のチャペルである。

会場校である関西学院初等部は、キリスト教の学校だ。学校内にチャペルがあるのも当然といえば当然である。しかし、チャペルで講座など、したことがない。何か不謹慎な気もする。

それでも、講座が始まってしまえば、そんな不安はぶっ飛んでしまった。講座は、どんどん盛り上がる。そして、いつものごとく調子に乗ってしまった私は、チャペルで「いわしのひらき」まで踊ってしまった。

その時の様子を多賀氏がフェイスブックで紹介してくださった。すると、すぐに土作彰氏からコメントがついた。そのコメントは、「バチ当たれ」であった（笑）。

その後、見事にバチが当たってしまった。どんなバチだったか？　ここでは、とても紹介できない。

どんなバチだったか知りたい方は、講座の懇親会に参加してください。教えます。

「ハッタリ」をかましてでも「監視」していることを示せ

尊敬する野中信行氏は「『味噌汁・ご飯』授業」を提案されている。（野中信行・小島康親編、「味噌汁・ご飯」授業研究会著『日々のクラスが豊かになる「味噌汁・ご飯」授業国語科編』明治図書）

研究授業などで行われる「『ごちそう』授業」ではなく、毎日行われる「『味噌汁・ご飯』授業」を充実させていこうという提案である。

「『味噌汁・ご飯』授業」とは、「日常授業」のこと。つまりは本書でテーマにしている、「普通」の授業のことである。

驚いたことに、アクティブ・ラーニングのような「『ごちそう』授業」でなく、年間1000時間を超える「普通」の授業こそ充実させていこうという本書の主張と全く同じだ。

しかし、これは、偶然ではない。「日常授業」の充実は、実は、野中氏から学んだもの。私は偉そうに『ブラック』なんて本を書いているが、すべて借り物だ。

でも、借り物で何が悪い。私は第1作の『策略―ブラック学級づくり』の132ページ「同じ成果を上げられるなら、楽した方がエライ!」でも、「そもそも私はオリジナリティにこだわらない」と述べている。

野中氏の素晴らしい提案を世に広められるなら、それでよい。そして、その提案のお陰で多くの教師が楽になるなら、それでよい。

それにしても、「『味噌汁・ご飯』授業」「『ごちそう』授業」とは、野中氏らしい素敵なネーミングである。野中氏のネーミングセンスは本当にすごい。見習いたいものである。

「『味噌汁・ご飯』授業」の「授業づくり3原則」は、「①指導言②活動③フォロー」。

教師が「①指導言」を発する。それを受けて子どもたちが「②活動」する。そして、その活動を教師が「③フォロー」(評価)する。確かに、授業は、この3つのくり返しでできている。

「③フォロー」をするためには、子どもの「②活動」を見る力が必要である。

しかし、多くの教師は子どもが見えていない。だから、的確な「③フォロー」(評価)

ができないのだ。

いや、見えていないのだけが理由ではないな。見えていたとしても、「③フォロー」が少ない教師が多い。それどころか、全くしない教師もいる。つまり、

「①指導言」をしたら、「②活動」をやらせっ放し。
がんばっても、褒めない。がんばらなくても、叱らない。
これで子どもがやる気になる訳がない。

日々の授業を充実させるためにも、まずは、子どもをしっかり見よう。そして、しっかりフォローしよう。

フォローと言っても、難しいことではない。

フォローなんて、要は、褒めるか叱るかだけなのだ。
教師の指導言に応え、がんばった子は、褒めよう。がんばらない子は、叱ろう。

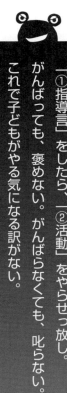

私が言い続けていることは、非常にシンプルである。

特に、やっていない子は、きちんと叱らないといけない。先ほど、叱り方を次のように紹介した。

> 「絶対にサボるな。サボると賢くなれない」
> と、まずは全体を注意する。それでも、やらない子がいれば、
> 「それなのにサボっている人がいる。後３人」と言う。

「さすが、中村健一！　子どもをよく見ている教師だ！」と感心した読者も、多いことと思う。しかし、ここだけの話、「３人」は適当なことも多い。つまり、ウソ。

ウソでもいいので、子どもたちに、
「先生は見ている。サボることは、絶対に許されない」
と思わせればいいのだ。

私は、2人見つければ、「3人」と言うことが多いかな。なんとなく多くの子がサボっているのを感じたら、「6人」とか「9人」とか言う。

若手は、子どもが見えていない。それは、仕方のないことだと思う。でも、

見えていないなら見えていないなりに、ウソでもいいから、「サボっている人が、5人いる！」と見えているアピール、許さないアピールをすればいいのだ。

たとえば、一斉音読の時、1人口を開けていない子がいたとしよう。若手が1人見つけたら、後2人ぐらいはいると考えたらよい。そこで、「3人サボっている人がいる！」と注意する。こんな数字は適当でいい。

要は、子どもたちに「先生に見られている、先生は許さない」と思わせることが大切なのである。

見えているアピール、許さないアピールをするのも、子どもたちを普通の授業に参加させるための大切な「策略」である。

指示を「ちょっと」変えるだけで授業は成功する

「授業の流れなんて、どうでもいい」と書いた。

では、流れでなければ、大切なのは何なのか？

1つは、前述したように子どもを見ることである。子どもが見えていない教師の授業は、はっきりとダメだ。どんどん子どもがサボるようになる。

そして、もう1つは、細部である。

たとえば、算数の授業を教科書通りの流れで行ったとしよう。我々ベテラン教師は、子どもたちを乗せ、きちんと授業ができる。しかし、若手教師は、ぐだぐだの授業になってしまう。

同じ流れなのにだ。この違いは何だろう？

私は、細部の違いだと思う。ちょっとした違いが、大違いになるのだ。

この原稿を書いている日の午前中に、「初心者水泳教室」が行われた。「初心者水泳教室」とは、夏休みに行われる「泳げない子のための水泳教室」である。

そこで見た若手の指導が、まさに「ちょっとした違い」のいい例だった。忘れてしまわないうちに紹介しよう。

「初心者水泳教室」の最初、子どもたちの泳力に合わせ、A、B、Cのグループが発表された。若手の指導は、次のようなもの。

「Aグループから発表します。呼ばれた人は、返事をして、手を挙げてください。○○くん、○○さん、○○さん……。今手を挙げている人が、Aグループね。よく覚えておくんだよ。では、次、Bグループ。○○さん、……」

私なら、こうする。

「Aグループから発表します。呼ばれた人は、返事をして、立ってください。○○くん、

○○さん……。今立っている人が、Aグループです。君たちは、何グループ？」
「Aグループ！」

と立っている子どもたちに声を揃えて言わせる。そして、次のように言う。

「○○先生、手を挙げてもらっていいですか。Aグループは、○○先生の所に行きなさい。では、Bグループを発表します。返事をして、立ちなさい。○○くん、……」

こうすれば、子どもたちが迷うことなく、自分のグループに行くことができる。

それなのに「覚えておくんだよ」なんて、難題を課すから、子どもたちが迷うのだ。事実、この時も2人の子が自分のグループが分からずに迷っていた。また、確認していないが、別のグループに紛れてしまった子もいたかも知れない。

たまたまだが、ちょうどいい例に恵まれた。若手の指導と私の指導は、この例のように、少し違う。本当にちょっとしたことだ。

若手の授業を見ていると、「私なら、こうするのにな」と、このような違いを感じることが多い。そして、このちょっとした違いが積み重なって、大違いになってしまっている。

若い頃は、大きな提案をしたいものだろう。私も、若い時には、当時珍しかったディベートを研究授業でしたことがある。ワークショップ型授業で研究授業をしたこともある。

30誌程度の教育雑誌を購読し、教育書もたくさん読んでいた。そこで、最先端の授業を提案している気でいた。得意になっていた。

しかも、こういう大きな提案の授業は、大崩れしない。もともとが面白い、楽しい授業なので、子どもたちが簡単に乗ってくるからだ。子どもたちが生き生きと活動する研究授業をして、若い私は、本当に得意になっていたものである。

しかし、今は、「普通」の授業を研究することが大切だと思っている。くり返して言うが、年間1000時間を超える授業の多くは、つまらない「普通」の授業だからだ。

つまらない「普通」の授業を成功させるのも、失敗させるのも、実は細部が非常に重要になる。

若手には派手な研究ではなく、こういうちょっとした細部を研究して欲しい。

たとえば、「指示は1つにする」「終末を示す」……う～ん、思い返してみれば、これらを私に教えてくれたのは、法則化運動だったかも知れない。若手にも、向山洋一氏の名著『授業の腕をあげる法則』（明治図書）などで「技術」を身につけて欲しい。

いずれにせよ、つまらない「普通」の授業がうまくいくかどうかは、細部にかかっている。細部を充実させる「策略」こそが、授業には大切なのである。

挙手指名を捨てれば、全員が授業に参加する

手を挙げた一部の子どもたちの発言だけで進んでいく授業をよく見る。

なぜ、そんなことをさせるのか分からない。手を挙げた子だけで授業を進めていいと、教師が教えているようなものだ。

こんな授業をする教師は、まさにシロウトだと思う。

言うまでもなく、授業はクラス全員に力をつけるために行われる。
そのためには、クラス全員、一人残らず確実に授業に参加させなければならない。

プロ教師は、全員を授業に参加させる「策略」を持たねばならないのだ。

それなのに、手を挙げた一部の子だけで授業を進める。全員を参加させない。だから、一部の子にだけ力がつく。全員に力はつかない。

プロとして失格なのは、明らかだ。だから、シロウト。

いや、私もシロウトだった。教師になって1年目の私は、手を挙げて発言させていた。

なぜなら、私が受けて来た小、中、高、大の授業で、挙手指名が行われてきたからだ。

しかし、野口芳宏氏の著作に出会ってから、私の授業は、大きく変わった。

発問をしたら、まずノートに書かせる。そして、列指名で発言させる

という方法を知ったからだ。

野口氏の本は、たくさん読んだ。だから、どの本でこの方法を知ったのか？　記憶が定かではない。でも、たぶん、野口氏の名著『授業で鍛える』（明治図書）が最初ではなかっただろうか。当時この本は、「教育新書」として発売されていた。今は「名著復刻シリーズ」として読むことができる。

今、読み返してみると、『授業で鍛える』には、次のように書かれていた。

たとえば、ある児童の発言があったとする。その発言に対して、ノートに、
「なるほどなあ、と思ったら○を書け」
「少しおかしいぞ、と思ったら×を書け」
というように指示するのである。こうすることによって、全員が、ひとり残らず、○か×かのいずれかをノートに書かなければならなくなる。傍観者ではいられなくなるのである。

（野口芳宏著『授業で鍛える』）

「挙手―指名」という方式では子どもの学力は十分に伸ばせない。とりわけ、発表技術は伸ばせない。仮に伸ばせても、それは、挙手して指名された子どもだけである。（中略）「列指名」という方法がある。前から順に、ひとりずつ、その列の全員に発言させる方法である。これならば、その列の全員に発言するチャンスが与えられる。

（野口芳宏著『授業で鍛える』）

この本では、この他の部分にも、発問したら書かせることの大切さ、挙手指名でなく列

指名することの大切さが述べられている。教師なら、必ず読んでおきたい名著である。

野口氏の本に出会ったことで、私の授業ははっきりと変わった。まさに、私の授業のターニングポイントだ。

野口氏が言うように、発問したら、まずは全員に書かせる。そして、列氏名で発表させる。私は授業で必ずそうするようになった。書いておきさえすれば、全員発言できる。書いてある内容をそのまま読めばいいだけだからだ。つまり、書くことでスピーチ原稿を作っているようなものだ。

このような具体的な方法だけでない。野口氏の本に出会ったお陰で、私は、「全員参加」を意識するようになった。

たとえば、先に紹介した「教科書○ページを開いたら、立ちなさい」という指示は、全員参加させるための指示である。たとえば、子どもを見る目の必要性を強く訴えるのも、全員参加を保障するためである。

この原稿を書いている２０１６年の夏休み、8月11日（木・祝）に野口氏と初めて一緒に講座をさせていただいた。いや、「一緒に」は、おこがましいな。「前座」をさせていただいた。とっても光栄なことである。「俺も、ここまで来たぞ！」と講座の最初に叫んでしまったほどだ。

私は、講座で緊張などしたことがない。それでも、野口氏が一番前の席で私の講座を聴いてくださったので、緊張してしまった。人間国宝、いや、神様に講座を見ていただくなんて、本当に幸せだった。

若い頃は、たくさんの教育書や教育雑誌を読もう。セミナーにも参加しよう。

勉強しない教師が怖いのは、自分の受けた教育だけを頼りに実践をしてしまうことだ。

だから、1年目の私がそうだったように、何の疑いも持たず、挙手指名をしてしまう。子どもたちは、どんどん変わってきている。自分が受けた10年前、20年前の教育がそのまま通用する訳がない。

私は野口氏に出会って、本当にラッキーだった。

私の神様、野口氏は、私の授業を180度変えてしまうほどの財産を手渡してくださったのだ。また、「全員参加」させるためにと「策略」を練る発想を与えてくださったのだ。

野口氏に感謝である。野口先生、いつまでもお元気でいてください！

「楽しい」と思い込ませれば、手抜き授業も成り立つ

今の私は「腹黒教師」である。しかし、昔は「お笑い教師」だった。

若き日の私は、レオタード姿で教育雑誌に出たこともある。あの野口芳宏氏でさえ、レオタード姿で教育雑誌に出たことはないだろう。教育界「初」の快挙である。

私が「お笑い教師」だったのは、女優が昔、アイドルとしてグラビアに出ていたようなものだ。今となっては、恥ずかしい……でも、ちょっと甘酸っぱい、青春の思い出だ。

こんな私だから、「お笑い」が好きだ。たまにだが、なんばグランド花月に行って、吉本のお笑いを見ることがある。

私はピン芸人に偏見を持っている。ピン芸人は面白いと思えない。唯一の例外は陣内智則。彼は映像にオチを担当させている。だから、一人で笑いを作っても、無理が来ない。

しかし、フリ、オチ、フォローを1人で全て担当するピン芸人は、無理が来る。だから、面白くない。

そんな偏見を持っている私である。なんばグランド花月にピン芸人が出てきても、笑わない。笑えない。「ピン芸人はつまらない」というイメージがあるからだろう。

逆に、私は、スリムクラブが好きだ。だから、スリムクラブが出てきただけでテンションが上がる。そして、よく笑う。笑ってしまう。

読者だって、そうだろう。見に行った舞台にダウンタウンや爆笑問題が出てきたら、それだけでテンションが上がる。そして、彼らが何を言おうが大爆笑するはずだ。

これは、授業だって同じである。

子どもたちが「先生の授業はなんか楽しい」というイメージを持っていると、授業に乗りやすい。

逆に「先生の授業はなんか楽しくない」というイメージを持っていると、授業に乗りにくい。

だから、教師は「策略」を巡らせて、自分の授業を楽しいイメージにする必要がある。

私の授業を取材してくださった西日本新聞の故・吉村真一氏（若くして亡くなられてしまった）が、

楽しいという感覚と安心感が学びのベース

と書いてくださった。これ、私の言葉ではない。私がうだうだと話した内容を吉村氏がまとめてくださった言葉だ。しかし、至言であると思う。

なんだかよく分からないけど、先生の授業は楽しい。そんなイメージを持たせる。なんか楽しいという感覚が、子どもたちの「学ぼう！」という意欲を引き出すのだ。

そのためには、楽しいネタをたくさん授業に入れるといい。

たとえば、授業中、教師が話をしている時である。教師の顔を見ていない子がいたとしよう。そんな時は、「見ていた？　ジャンケンチェ～～ック」というネタがオススメだ。

教師は、顔の前でチョキを出して、すぐ手を下ろす。そして、全員起立させる。「今から先生とジャンケンします。先生は今、顔の前で出したのを出すからね。ちゃんと先生の顔を見ていた人は、勝てるよね」と言って、ジャンケンする。勝った子は、座らせる。負けた子は、立ったまま。そして、立っている子に「先生の顔を見て話を聞いていないから、ジャンケンに勝てない。次はジャンケンに勝てるように、先生の顔を見て話を聞くんだよ」と厳しく説教する。

ちなみに、このネタの良いところは、「まぐれ」で勝つ子が出るところ。「見てなかった。やばい」と思った子が、偶然ジャンケンに勝って、ホッとして座る。こういう遊びがあるのが、良い実践である。

このような子どもたちが大喜びするネタは、たくさん仕入れておくと良い。

楽しいネタを連発して、「先生の授業は楽しい！」というイメージを持たせよう。そうすれば、つまらない普通の授業をしても、子どもたちは「なんか楽しい！」と思ってくれる。手抜きの授業でさえも、「なんか楽しい！」と思ってくれる。

「先生の授業はなんか楽しい」と子どもたちに思わせるような「策略」が非常に大切なのである。

第２章
クラス全員を乗せてしまう「微細」授業術

細かい技だが，その積み重ねがピリリと子どもを目覚めさせる！
子どもが乗ってくる技，伝授しよう。

授業の最初に教室の空気を「支配」せよ

年間１０００時間を超える授業で、私がやり続けていることがある。それは、

授業の開始1分前には、教室の前に立っておく

ということである。これだけは、譲れない。

荒れた学校では、教室の空気が安定しない。特に、授業の最初は、休み時間の雰囲気を引きずってザワザワしていることが多い。あわよくば教師の隙をついて、自分たちの空気にしてしまおうという「やんちゃ君」さえいる。授業を壊そうと企んでいるのだ。

だから、私は授業開始の１分前に教室の前に立つ。年間１０００時間を超える全ての授

業で立ち続ける。

正直言えば、私だって1000時間、授業開始1分前に教室の前に立つのは、きつい。でも、授業が成り立たなくなる、つまり学級崩壊してしまうと、もっときつい。

だから、私は、きつくても、やり続けているのだ。

私が「先に」教室の前に立って、「先に」私の空気にしてしまう。まさに、先制攻撃である。授業の最初には、教室の空気を支配する主導権争いが繰り広げられる。教師は、絶対にその主導権争いに負けてはいけない。

では、主導権争いに勝った教師は、教室をどんな空気にすればいいのか？

自分が授業をやりやすい空気にする。

私は、それで良いと思っている。

どの教師にも自分のやりやすい空気がある。私は割と、温かい空気を好む教師である。しかし、逆に、シーンとした重たい空気が好きな教師もいるだろう。

授業がやりやすい空気は、教師によって違う。それは、人それぞれでＯＫだ。

ただ、自分が授業しやすい空気にすることが大切である。

教室の空気が安定しない。月曜日の朝は、どんよりと重たい空気になる時がある。そうかと思えば、月曜日の朝でも、ふわふわと落ち着かない空気の時もある。

クラスによって空気が違う。同じクラスでも日によって、空気が違う。いや、1日の中でも空気がころころと変わってしまう。若い教師はこの空気を感じることができているだろうか？

今どきの教室は、本当に空気が安定しない。だから、私は、

空気調整が、教師の一番の仕事である

と言い切って良いと思っている。授業を成り立たせたければ、授業の最初に空気を調整する「策略」が教師には必要なのだ。

また、私は、授業の最初にいかに子どもをツカむかが大事だと思っている。

落語と漫才を例に説明しよう。

落語は、最後にオチがくる。最後のオチを聞いて、お客がドカンと笑う。

漫才は、実は、ツカミが命。最後の「いいかげんにしなさい」で大笑いするお客はいない。漫才は最初に盛り上げて、勢いで笑いを取っているのだ。

昔の授業は、落語。「名人」野口芳宏氏の授業のイメージである。野口氏の巧みな発問で、授業は徐々に盛り上がっていく。そして、最後に子どもたちは「なるほど！」と思う。最後にオチが来て、一番盛り上がるのが落語的である。こういう授業を昔の教師は目指していた。

これからの授業は、漫才のイメージがいいと思う。少なくとも、「普通」の私は、漫才的な授業を行っている。

最初、授業のツカミで盛り上げ、子どもたちをやる気にする。そして、その勢いだけで45分間のつまらない授業を乗りきってしまう。

そんなイメージだ。

授業の最初に、自分が授業をやりやすい空気にしよう。そして、子どもたちをツカんで、授業に乗せてしまおう。そんな「策略」が今どきの子どもたちには向いている。

チャイムと同時に授業は始めてしまえ

どうやって教室の空気を整え、どうやって子どもたちをツカむのか？　私のクラスの授業を例に、具体的に語っていく。

私は、始業のチャイムと同時に授業を始めてしまうことにしている。

先に書いたように私は授業開始の1分前には、教室の前に立っている。そして、チャイムが鳴り始めたら、「日直！」と言って、すぐに号令をかけ始めさせる。

まだ、席に座っていない子がいても、関係ない。号令が始まると、その子たちも急いで席に戻るからだ。

私のクラスの号令は、次のようなもの。

「姿勢を正してください」（日直）
「はい」（日直以外の子どもたち全員が声を揃えて）
「今から、○時間目の学習を始めます」（日直）
「はい」（子どもたち全員）
「がんばりましょう！」（日直）
「がんばりましょう！」（子どもたち全員）
「礼」（日直）
「お願いします」（子どもたち全員）

これをチャイムが鳴り終わるまでに行う。時間にして、わずか5秒。テンポの良さがイメージできるだろうか？

この号令、実は「策略」として、声を揃えて出す機会を作っている。「はい」と返事だけで2回ある。「がんばりましょう」「お願いします」と言葉も2回言わせている。

それは、次のような理由からだ。

号令で声を出すと、子どもたちは元気になる。揃えて言おうとすることで、集中もできる。

「声出し号令」をすることで、子どもたちを「勉強頭」に切り換えさせているのである。実は、私は、若い頃、授業の最初に号令をかけていなかった。「号令なんかかけなくても、子どもたちがパッと集中するような授業がしたい」と考えていたからだ。また、その方がかっこいいと思っていたからだ。

しかし、困難校に勤めて、変わった。困難校では、授業の最初、子どもたちがなかなか「勉強頭」にならなかった。そこで、号令を取り入れた。号令で子どもたちを「勉強頭」に切り換える必要を感じたからだ。

私には、こだわりがない。目の前の子どもたちが変わるなら、それを良い方法として取り入れる。かっこいいかどうかなんて、関係ないのだ。

事実、この号令をするようになって、子どもたちは授業に参加するようになった。号令が終わったら、「全員、……起立！」と言う。サッと立てれば、褒める。遅ければ、叱ってやり直しである。

こうやって、授業の最初に動かすことで、子どもたちはさらに集中していく。

そして、お約束の確認をする。

「次の時間の準備をして席を立つ。はい」私がこう言えば、子どもたちは、「次の時間の準備をして席を立つ」と声を揃えて言う。

「教科書、ノートが出ている人、座る」

こうやって、確認する。もちろん、準備ができている座った子を褒め、立っている子を叱る。

準備をしているかどうか？　チェックの意味ももちろんある。しかし、私がそれ以上に重視しているのが、子どもたちを素速く動かすこと、声を揃えて出させることである。

授業の最初、「勉強頭」に切り替わらない子は多い。そこで、私は、号令や準備チェックを「策略」として行い、子どもたちの頭を切り換えさせているのだ。

「負けたフリ」で子どもをやる気にさせよ

さらに授業の最初について具体的に書いていく。漫才的な私の授業は、最初が命。最初に子どもたちをツカんで、勢いだけでつまらない普通の授業を45分間やりきる必要があるからだ。

号令をかけ、準備の確認をする。その後、私は何も言わないで、黒板に日付と学習するページを書く。そして、すぐに「書けた人？」と聞く。

書き終わっている子は、得意げに手を挙げる。そこで、私はとっても悔しげに、

「えっ⁉　もう書いたの？　速すぎ！　負けた！　悔しい〜！」

と言う。できるだけオーバーに言う。黒板をたたきながら、泣く真似をすることもある。

すると、先生に勝った子どもたちは、大喜びだ。

「先生と勝負」という形にすると、子どもたちは乗ってくる。年間1000時間を超える授業でくり返しやっても、子どもたちは飽きない。

子どもって、本当にチョロいものである。

ちなみに、子どもを褒める時のコツは、「驚くこと」である。驚くと、わざとらしくならない。子どもも大いに喜ぶ。褒めることが苦手な若手は「えっ!? もう書いたの？ 速すぎ！」と、まずは驚いてみよう。子どもたちが大喜びするのが実感できると思う。

さらに、学習の「めあて」を書く。

私は「今度こそ負けないぞ」と言って書き始める。いや、言わなくても私のクラスでは「先生と勝負」が暗黙の了解になっている。子どもたちは先生に負けまいと素速く書く。

これは、さすがに教師より先に書ける子はいない。そこで、「めあて」を赤線で囲む時に、多少の手加減をする。

私が赤線を引いている内に「書けた！」と声がする。私が赤線を引き終わって子どもたちの方を見ると、クラスの半分ぐらいの子が得意げに手を挙げて待っている。

「えっ⁉　もう？　先生もがんばったのにな……悔しい〜！」

オーバーに言うと、子どもたちは喜ぶ。さらに、

「君たちは、速すぎだからね。今書き終わった人だって、中学生レベルだよ。書けた人？」

と言う。子どもたちは得意げに手を挙げる。さらに、もう一度「書けた人？」と聞き、

「ここまで、合格。○年生として、十分な速さだよ」

と褒める。クラス全員が合格なら、拍手もする。

学習の「めあて」を書かせた後は、声だしさせて、子どもたちをさらに元気にする。

「速くても正しく書けてないと意味ないからね。自分が書いた『めあて』を確認しながら、ゆっくり読みます。はい」

私の「はい」の後に続けて、子どもたちはゆっくりと「めあて」を読む。

「次は、素速く声を揃えて言うよ。『180度をこえる角の大きさを工夫して測ろう』はい」

さらに、もう1度、今度は素速く声を揃えて「めあて」を読む。

「先生と勝負」、学習の「めあて」の一斉音読、これを「策略」として毎時間くり返して行う。これだけのことだが、授業の最初に子どもたちをしっかりツカむことができる。

「誰でも答えられる質問」で全員を巻き込め

号令、準備の確認、「先生と勝負」、「めあて」の一斉音読。これらは全て、授業の最初に全員を巻き込むための「策略」である。

ここまで書いてきて、自分でも驚いている。私の「策略」の多くは、授業の最初に注がれていることに気づいたからだ。

さらに、授業の最初の様子を紹介してみよう。私は、授業の内容に入っていく時も、「策略」を練って、全員を巻き込んでいる。

では、私がどうやって全員を巻き込むか？　……困ったぞ。どうやって巻き込んでいるか覚えていない。面倒くさがり屋の私は、授業記録を残す習慣がないからだ。

いや、そういえば、アレがあった。思い出した。

２０１６年1月13日、憧れの教育スター・横藤雅人氏が私の教室の１日視察に訪れてくださった。横藤氏が校長を務める北海道・北広島市立大曲小学校の教師を３人も引き連れてだ。大曲小と言えば、学校で『日常授業の改善で子供も学校も変わる!学力向上プロジェクト』(明治図書)という本を出版されている。今回の参観メンバーも、もちろん執筆者。授業のプロフェッショナルの集団だ。

その時、１日中ビデオ撮影が行われた。ＤＶＤ10本分!　しかも、そのうち４本は、懇親会(飲み会)の様子である(笑)。

私は、面倒くさがり屋である。申し訳ない話だが、これらのＤＶＤは一切見ていない。しかし、せっかくの機会だ。この機会に、授業の最初だけでも見てみようと思い立った。たとえば、俳句の「句会」を行った授業の最初、私は、次のような活動をさせていた。

全員、起立。隣の人に、俳句の条件を2つ言えたら、座りなさい。

条件2つとは、「五・七・五」と「季語」。前の時間に学習したことの確認だ。

そして、座った子に向かって、私は次のように言っていた。

「座った人は、よく覚えていたね。賢い君たちが、立っている人に教えてあげて。俳句の条件、1つ目は？　最初に『ご』のつく方」「五・七・五」

座っている子たちは、得意げに声を揃えて言う。

「もう1つは？」「季語」

「立っている人、隣の人に俳句の条件を2つ言えたら、座りなさい」

全員が座ったところで、もう一度俳句の2つの条件を全員に声を揃えて確認させていた。

算数「よみとる算数」の導入なんて、ひどかった。

私は、教科書を閉じたままにさせて、次のように言っていた。

全員、起立。はるなさんの好きな食べ物はなんでしょう？
隣の人に1つ言ったら座りなさい。

子どもたちは、ハテナ顔。そりゃそうだ。いきなりなんの説明もせず、「はるなさん」である。子どもたちが「はるなさんって、誰？」と思うのも当然だ。

しかし、1つ言わないと座れない。座らない子には、

「はるなさんなんて、どうせ知らない人でしょ。なんでもいいから、1つ言って座りなさい」
「適当でいいよ。適当に言えば、当たるかも知れない」
「1つ言うことで授業に参加することになるんだよ。必ず1つ言って座ること」
などと声をかけていた。

一見ふざけているように見えるが、私は大真面目だ。こういう誰でも答えられる質問で、全員を授業に巻き込んでいるのだ。

「はるなさんの好きな食べ物」なんて、どうでもいい問題だ。しかし、誰も確実に当てられない変わりに、誰にでも正解する可能性がある。私は授業の最初、子どもたち全員を巻き込むために「策略」として、こんな問題を出すことも多い。

この問題の正解は、チョコレート。まぐれで当たった子は嬉しそうにする。正解者に拍手を贈り、さらに、問題を続ける。

全員、起立。200年ぐらい前にチョコレートが日本に伝わりました。最初は何県に

伝わったでしょうか？

これは、ヒントを出していた。

「ヒント、江戸時代。時代を考えたら分かる、ちょっと知的な問題だよ」

正解は、長崎県である。江戸時代は鎖国をしていた。だから、最初は長崎の出島に伝わったに決まっている。

これは、12人が正解した。正解した12人を起立させる。そして、みんなで拍手を贈る。

正解した子は、嬉しそうだ。そして、

「江戸時代。はい」（教師）「江戸時代」（子どもたち全員が声を揃えて）

「鎖国。はい」「鎖国」「出島。はい」「出島」

と子どもたちにくり返し言わせていた。

これで、ツカミはバッチリだ。子どもたち全員を動かし、ちょっと知的な問題に答えさせる。こんな「策略」で、全員を学習に参加させていく。

自分の授業のＤＶＤを見るのは、恥ずかしいものだ。しかし、我慢して見たお陰で、自分の授業を客観視できた。ＤＶＤを撮影し、編集してくださった三尾修士氏に感謝である。

指示は「ゲーム」と称して乗せよ

私は、授業の途中、ゲームをすることが多い。ゲームと言っても、遊びではない。

たとえば、黒板に書かれた問題を写す時である。

写したら、鉛筆を置きなさい

と指示する。

書き終わった子は、指示通り鉛筆を置く。だから、教師は、誰が書き終わって、誰が書き終わっていないのかを把握することができる。

指示をする時は、「○○したら、○○しなさい」と、終わったらどうするのか？　終末を示すことが大切である。

えっ⁉　ゲームになっていないって？　まあ、お待ちなさい。実は、この指示、教師が子どもの状況を把握するためだけではない。終末を示すことでゲームになるのだ。

「写し終わったら、鉛筆を置きなさい」と指示した後、教師は誰が書き終わるかを見ておく。そして、一番速く鉛筆を置いた子がでたら、

「○○くん、一番！　速い！」

と褒めるのである。さらに、「○○さん、２番！」「ここまでがベスト９！」と褒めていく。するとと、子どもたちは、どんどんやる気になる。

もっと明確にゲーム化するなら、

> 写し終わったら、鉛筆を置きなさい。速く置けた人が、エライです！

と指示するといい。

「○○した人が、エライ!」という、指示は有効だ。
これを加えるだけで、はっきりとゲームになる。

私が一番よく使うのは、「たくさん書けた人が、エライ!」という指示かな。

たとえば、6年生の社会科で「長篠の戦い」の絵を見せて、気づきを書かせる時である。

> この絵を見て、気づいたことを箇条書きにします。時間は、3分。
> たくさん書けた人が、エライです。よーい、スタート!

子どもたちは、ゲームが大好き。この指示に子どもたちは、乗ってくる。そして、どんどん書く。

授業の「ふり返り」を書かせる時にも、

「授業を受けて、気づいたこと、考えたことを箇条書きにしなさい。時間は3分。たくさん書けた人が、エライです」

と指示する。すると、ゲームになるので、子どもたちは、どんどん書く。

絵を見せた時や、「ふり返り」に限らない。「たくさん書けた人が、エライ！」と言えば、ゲームになる。私が多発する指示である。

他にも、たとえば次のような指示を出すことが多い。

「班にします。5秒以内に机を移動できた班が、エライ！」

「他の人と違う意見を書いた人が、エライ！」

「〇〇を見つけたら、指さして立ちます。30秒以内に立てた人が、エライ！」

「全員起立。隣の人に〇〇が言えたら、座ります。座れた人が、エライ！」

「丸付けをします。赤鉛筆を持って、手を挙げなさい。一番早く全員が手を挙げた列が、エライ！」

私は授業は全てゲームにできるのではないかと考えている。いや、ゲームにしたいと目論んでいる。「どうなったら、エライのか？」を明示すると、作業がゲームになるからだ。

教師は、「策略」として、いろいろな指示をゲーム化するといい。すると、子どもたちは授業に乗ってくる。

勉強ができなくても威張れるシカケを作れ

「たくさん書けた人が、エライ！」と、ゲーム化する方法を紹介した。しかし、実は、「どうなったら、エライのか？」を明示するだけでは、ゲームにならない。

「たくさん書けた人が、エライ」と言った以上は、必ずフォロー（評価）する必要がある。いくつ書けたか？　数を聞く。そして、一番たくさん書いた子を褒める。勝者が褒められて、初めてゲームが成立するのだ。

いろいろなゲームを想像してみれば、分かるだろう。たとえば、ジャンケンだって、勝ち負けがある。勝ち負けがあるから、ゲームは楽しいのだ。勝ったのか？　負けたのか？も分からないようなゲームが面白いはずがない。

しかし、教師は、意外にこのフォローを忘れがちだ。

「たくさん書けた人が、エライ」と言っておきながら、数を聞かない。一番たくさん書いた子を褒めない。
それで子どもがやる気になるものか。

フォローしなければ子どもたちはやる気にならない。教師はフォローを絶対に忘れてはダメだ。

「たくさん書けた人が、エライ」と言った以上は、数を聞く。そして、一番たくさん書いた子を立たせ、みんなで拍手を贈る。

この時、一番たくさん書くのは、間違いなく頭の良い子である。しかし、いつも頭の良い子が勝つゲームは、つまらない。これは、授業全般にも言える。

頭の良い子だけが活躍する授業ではダメ。頭の良くない子も活躍する授業が良い授業

なのである。「全員参加を保障する」という視点からも、大事なことだ。

良い授業とは、頭の良い子も、そうでない子も活躍できる授業なのである。

たとえば、「『コウ』と読む漢字を集めろ」というゲームで説明しよう。

「『コウ』と読む漢字をたくさん書いた人が、エライ！」

というルールで優勝するのは、間違いなくたくさん漢字を知っている子である。つまり、頭の良い子。

もちろん、その子は、ものすごく褒める。「漢字博士」とキャラ付けをし、難しい漢字が出てきたら、その子にフる。

頭の良い子も、もちろん光を当て、活躍させる。それは大事だ。

さらに、そうでない子にも光を当てるルールを追加する。

実はね。このゲーム、もう1つ裏のルールがあるんだよ。全員、起立！　自分が書いたのを1つずつ発表してもらいます。全部言われた人から、座っていってね。最後まで立っていた人が優勝だよ。

こう言って、クジで選ばれた子から、席順に発表していく。

もちろん、このルールを追加しても、たくさん書けた頭の良い子が勝つ時もある。しかし、少ししか書けていない子が、他の誰も書いていない漢字を書いていて優勝することがあるのだ。

「たくさん」を求めると、勝つのは頭の良い子である。しかし、このルールを追加することで、少ししか書けないけど、人とは違うユニークな発想を持つ子が勝つ可能性を残せるのである。

このルールを併用することで、頭の良い子にも、そうでない子にも光を当てられる。

他にも、こんな方法がある。たとえば、算数の文章問題を解く時である。問題文を一斉音読した後、次のように言う。

全員、起立！　今読んだ文章問題を1人で解いてもらいます。何人が正解するでしょうか？　隣の人に、予想を言ったら座りなさい。

実際に一人ひとりに文章問題を解かせる。そして、答え合わせをする。

もちろん、正解者を褒める。立たせて、みんなで拍手も贈る。そして、その時、正解者の人数を数える。

「正解した人は、……19人でした。19人、見事に予想が当たった人、起立！」

こう言うと、予想が当たった子は、嬉しそうに立つ。「すげ～！」と他の子どもたちは驚く。その子に、みんなで拍手を贈る。すると、その子はさらに嬉しそうにする。

言うまでもなく、予想は、勘だけが頼り。算数的な力は、関係ない。

算数が得意だろうが不得意だろうが、どの子にも当たるチャンスがある。

頭の良い子も、そうでない子も活躍できるように「策略」を練ろう。すると、全員が授業に参加するようになっていく。

「内容」がダメでも「演出」で子どもは乗せられる

私の授業について述べている。何度も書いているように、私の授業の多くは、教科書を使った「普通」の授業だ。それでも、

教科書通りの授業をしても、子どもたちは退屈そうではない。それは、私の「演出」が効いているからだ

と思う。

クイズを例に説明しよう。ちなみに言うと、授業にクイズを入れるのは有効な「策略」だ。

「今から、この時間に学習したことを確認するテストをします」と言うと、子どもたちは「え～！」と嫌がる。しかし、「今から、この時間に学習したことで、クイズ大会をします」と言うと、子どもたちは「やった～！」と喜ぶ。問題が同じでもだ。

子どもたちは、クイズが大好き。まさに、クイズと言うだけで盛り上がる。

たとえば、沖縄について学習する時、次のようなクイズを出した。

「沖縄に台風は上陸したことがない。○か？　×か？」

実は、正解は、○。沖縄には多くの台風が上陸しているイメージがあるだろう。しかし、気象庁の定義では、沖縄は「島」である。沖縄の上を台風が通っても、「通過」としか呼ばない。

気象庁のホームページで「上陸数が多い都道府県」を調べてみると良い。ベスト3は、鹿児島、高知、和歌山。沖縄は、ベスト10にも入っていない。

こんなクイズを出すと、子どもたちは驚く。こういう力を持った「内容」を準備すれば、「演出」などしなくても、子どもたちを惹きつけることができる。

「スペシャル」な「内容」を用意すれば、それだけで子どもたちは乗ってくるのだ。

しかし、教科書程度の「内容」では、そうはいかない。たとえば、都道府県名の学習で

「中国地方の県名を5つ全部言いなさい」というクイズを出したとする。

このクイズをそのまま子どもたちにぶつけても、なかなか子どもたちは乗ってこない。

そこで、ホンの少し「演出」する。たとえば、隣の人とジャンケンして勝った人を立たせる。そして、「立った人は中国地方の県名を5つ全部言いなさい。10秒で5つ正しく言えたら合格です。座っている人は、正しく言えているかチェックしてね。では、いくよ。よーい、スタート！　10、9、8……」と言う。

こんな少しの「演出」でも子どもたちは乗ってくる。

たとえば、「30秒チャレ～ンジ！」というやや大がかりな「演出」もしたことがある。班5人が教室の前に出る。カードを引いて、何地方の都道府県名を言うか決める。1人が1つずつその地方の都道府県名を言っていき、5人全員が1つずつ違う都道府県名を言えたら10点ゲットというゲームである。

全部の班が1回目のチャレンジをし終わったら、2回目の前に、班で特訓の時間を取る。すると、班で教え合う姿が見られる。

教科書程度の「内容」に「演出」の力で子どもたちをどう乗せるか？　それには、教師の「策略」が必要だ。プロ教師は、その腕を磨いていくことが大切なのである。

「演出」のよさは「順番」が決める

子どもたちを乗せるには「内容」ではなく「演出」だと書いた。

そして、「演出」の力を磨いていくことが必要だと述べた。では、

演出で一番大切なことはなんなのか？　それは、「順番」である。

どんな順番にすれば、子どもたちが乗ってくるか？　「策略」を巡らせることが大切だ。

また、クイズを例に説明しよう。たとえば、５問クイズを出す場合である。

この時、適当に５問クイズを出せばいいのではない。どの順番でクイズを出すのか？

「演出」を考えるべきである。

一番分かりやすい「演出」は、「易」から「難」。まずは、簡単な問題を出し、多くの子に正解させ、やる気にさせる。そして、少しずつ問題を難しくしていき、最後は数人しか答えられないような難しい問題を出す。

「易」から「難」は、「演出」の王道だろう。

しかし、別のパターンもある。たとえば、最初に難しい問題を出す。すると、子どもたちは「今日の問題は手強いぞ」と思う。そこで2問目に割と簡単な問題を出し正解すると、子どもたちはいつも以上に喜ぶ。こんな「演出」もアリである。

授業中の発言もそうだ。適当な順番で意見を発表させれば良いというものではない。

54ページで、野口芳宏氏から学んだ、次の方法を紹介した。

発問をしたら、まずノートに書かせる。そして、列指名で発言させる。

全員を授業に確実に参加させるために、大事な方法だ。しかし、いつも適当な順番で列指名すればいいというものでもない。さらに、

発問したら、まずノートに書かせる。教師が机間巡視して、子どもの意見を把握する。教師が「順番」を考え、意図的に指名する

という方法も有効である。

たとえば、最初は、誰でも思いつくような普通の意見を発表させる。次は、正解ではないが、誰も思いつかないようなユニークな意見を発表させる。最後は、誰も思いつかないようなものすごい正解の意見を発表させる。こんな「演出」を考えないといけない。そのためには、机間巡視をして、子どもたちの意見をしっかりと把握しておくことが大切だ。

授業の流れも、もちろん、そうだ。最初に何をして、次に何をするか？　どこで資料を提示して、どこで発問をするのか？

どの「順番」が効果的なのか「演出」を考えることがものすごく大切だ。そして、その「演出」がうまくいけば、教科書程度の普通の「内容」でも授業は盛り上がる。

どうしようもない子はごまかしてしまえ

ごまかしてしまうのは、いけないことだろうか？

子どもたちが授業中にちょっとした失敗をする。それをスルーしたり、笑いに変えたり……実は、私は、よくやっている。

授業の雰囲気を悪くしないためには、ごまかすのもアリだと思うからだ。

たとえば、数年前、算数の授業でのこと。私は、

「全員起立！　先生が『せーの』と言ったら、隣の人と答えを言い合います。答えが同じ

なら座りなさい」

と指示を出した。

「平行四辺形の面積は？　せーの」

「底辺×高さ！」

多くのペアが同じ答えを言って、座る。しかし、座れないペアが1組。聞いてみると、1人の子の答えが「織田信長」だったそうだ。

私の言葉を聞いていないだけではない。たぶん、この子は、今が何の教科の授業かすら分かっていなかったはずである。

こんな時、あなたならどうする？

「聞いてたのか！」

と、厳しく叱ることもできる。もちろん、私も叱ることが多いと思う。

しかし、その子はなかなか授業に集中できない子だった。黙って座っていさえすればOKとさえ言える子だ。

しかも、その日は特に、朝から落ち着かないのは分かっていた。

先の「全員起立！」の指示も、この子を巻き込んで授業するためのものだ。しかし、裏目に出てしまった。

この子の失敗を目立たせる訳にもいかない。そうすると、クラスのみんながこの子の問題に気づいてしまう。そして、「ダメなヤツだ」とレッテルを貼られてしまうかも知れない。

そこで、私は笑いに変えて、ごまかしてしまった。

私は、笑いながら、次のように言った。

「えっ⁉　もう1度言って。平行四辺形の面積は？」

「織田信長」

みんなの前で大きな声で言わせると、笑いが起きる。

「じゃあ、三角形の面積は？」

「豊臣秀吉」

私のフリには、きちんと反応する。こういう感覚には優れているのだから、人間、面白いものだ。

教室の笑いがさらに大きくなった。

「じゃあ、円の面積は？」

「徳川家康」

教室は大爆笑である。

「みんなを楽しませてくれたＡくんに拍手〜！」

Ａくんも笑顔、みんなも笑顔。なんとなく楽しい雰囲気になった。

また、クラスのみんなもＡくんに対して「ダメなヤツ」ではなく「面白いヤツ」という印象を持ったようだ。

Ａくんは、クラスの人気者になっていった。そして、授業にも少し集中して取り組むようになっていった。

賛否両論、分かれると思う。しかし、私はこうやってごまかしてしまうことがある。


ごまかすことも、授業の雰囲気を悪くしないためにアリの「策略」だ。

また、その子の問題を周りに広めてしまわないためにもアリの「策略」だ。


こんな風に考えている私は、教師失格だろうか。いや、こんな「策略」がうまくいっているから、私の授業には子どもたちが乗ってくるのだと思う。

1時間の授業で100回時計を見れば終了時刻が守れる

数年前、ある大物実践家と講座を共にした。ここで、名前を紹介すれば、きっと読者は「おお！」と驚くことだろう。誰でも知っている超ビックネームである。

しかし、ここでは名前を紹介しない。なぜなら、悪口だから（笑）。

大物実践家との共演であったが、私は極めて冷静だった。もちろん、緊張などしない。

56ページで紹介した野口芳宏氏の前での講座が特別なのだ。

私にとって、野口氏は、「神」。だから、緊張した。緊張したのは、何年ぶりだろう？歳を取り、図太くなっている私は、この大物実践家の前でも冷静に、しかし、参加者に楽しんでもらえるようにテンションを上げて講座をした。

冷静ではあるが、やはり大物実践家の前である。彼の評価は気になるところだ。

懇親会では、大物実践家とたくさん話した。そして、私の講座の評価を聞き出すことに成功した。

その大物実践家は、言った。

「中村先生は、本当によく時計を見る先生ですね」

私は、？？？。頭の中が、ハテナ（？）で一杯になった。

しかし、その後に続く、大物実践家の言葉は、まさに目から鱗のものだった。


時計をよく見る先生は、授業の終了時刻を守る先生です。

逆に、時計を見ない先生は、授業の終了時刻を守りません。

この言葉は、私に授業を見る時の新しい視点を与えてくれた。さすが！　大物実践家である。（まだ、悪口になってないのよ）
確かに私は、授業の終了時刻を延ばしたことがない。
信じられない方は、私のクラスに来て、子どもたちに聞いてみるといい。「中村先生は、授業を延ばすことがある？」と。

子どもたちは間違いなく「絶対にない」と答えるはずだ。これだけは、私が胸を張って言える事実である。

私は年間1000時間を超える全ての授業で、終了時刻を守っている。

授業を延ばして行っても、どうせ子どもたちは聞いていない。それなら、チャイムと同時に「終わり!」を宣言してしまった方が、子どもたちの信頼を得られる。

授業の終了時刻を守ることは、私が意識して「策略」として行っていることの1つである。

この大物実践家の言葉を聞いてから、私は研究授業などで、授業者が時計を見るかどうか？　気にするようになった。

確かに！　時計を見る教師は、授業の終了時刻を守る。逆に、見ない教師は授業を延長する。まさに大物実践家の言葉通りである。

また、日々の授業でも、時計を見る自分を意識するようになった。

私は、授業の終わりが近づくと、後何分あるかをチェックする。そして、逆算して、その時間なら「後何ができるだろう?」と考えて授業を進めている。

こんな自分に気がついた。

確かに、私はしょっちゅう時計を見ている。特に授業の終了時刻が近づくと、やたらと時計を見ている。私は45分の授業の間に１００回は時計を見ているのだと思う。いや、１００回はオーバーかな。しかし、この前、時計を見る回数を数えてみた。最後の10分だけで、軽く20回以上見ていた。１００回はオーバーでも、50回はオーバーではないだろう。

私は、そのお陰で、授業の終了時刻を必ず守ることができるのだ。

少々話が逸れるが、私は定時（勤務時間終了の４時40分）に仕事を終えて帰ることを原則にしている。

だから、子どもたちが帰った後、４時40分まで後どれだけの時間が残っているのかを計算する。そして、逆算して、その時間にできることを考えて仕事している。

仕事術でも時計を見ることは大切だ。

それでは、お待たせしました。ここからが悪口（笑）。

私は、講座でも絶対に時間を延ばすことはない。

信じられないなら、私の講座を受けたことのある方に聞いてみるといい。「中村先生は、講座を延ばすことがある？」と。

その方は間違いなく「絶対にない」と答えるはずだ。これだけは、私が胸を張って言える事実である。大物実践家から、「本当によく時計を見る先生ですね」と褒められたエピソードからも、この事実は信じてもらえるだろう。

一方、「本当によく時計を見る先生ですね」との名言を残した大物実践家の講座は、……実に、20分以上延長して行われた。

懇親会で同席した福山の澤口陽彦氏は「中村先生が時計を見る先生なら、〇〇先生（大物実践家）は、時計を見ない先生ですね（笑）」と、茶化して言っていた。

確かに！　その大物実践家は、講座の最中に時計を見ることは一切なかった。

人間、言うこととやることは違うというのがよく分かるお話。そして、人間、人のことは見えるが、自分のことは見えないというお話。チャン！　チャン！

第3章
教師生活を生き抜くための「危機回避」術

あなたに教師を続けて欲しい。
だから危機におちいる前にこれだけは知って欲しい。
絶対に役立つ技を伝授しよう。

「悪口を言われるのもお給料の内」とあきらめよ

現場に出る前の若手に、多くの講座を行ってきた。また、私の勤務する学校でも、初任者が増え、指導する機会が増えて来た。

そこで、この章では、若手、特に、初任者に伝えたいことを中心に書いてみようと思う。まあ、この第3作で、さすがに『ブラック本』も終わりだからね。言い残したことを書いておこうということだ。

現場は厳しい。今時の教室は「戦場」のようなものだ。

それなのに、新規採用の教師は「武器」も持たず「策略」も練らず、「丸腰」で「戦場」にやってくる。それでは「攻撃してください」と言っているようなものだ。

仕方ないことではある。大学の授業では学級づくりなんて、一切教えてくれない。だから、新採の教師が多く辞めていくのだ。

この事実を大学の先生たちはどう考えているのだろう？

自分の教え子が辞めていくのが苦しくはないのか？　何とか助けたいと思わないのか？

今必要なのは、教員養成課程の有り様を変えることだ。何とか現場に出て通用するだけの力をつけてから1年目を迎えられるシステムを構築して欲しい。

大学の改革は必要だ。しかし、時間がかかるだろう。

それを待ってはいられない。改革を待つ間にも、多くの若手が傷つき、辞めていくからだ。中には自殺してしまう若手さえいる。

だから、我々は講座を行う。本を書く。現場に出る前の若手に少しでも「武器」を手渡そうと考えているのだ。

3月の講座はいつも盛況だ。たとえば愛知県の「ほっとタイム」の主催者・梶川高彦氏が開いてくれるセミナーには、毎年１００人近くの現場に出る前の学生が集まってくれる。

それだけ現場に出ることを不安に思っている学生は多い。

集まってくれた学生に、私がいつも言っていることがある。それは、

君たちは教師になって、生まれて初めて人格否定される経験をするでしょう。子どもか、保護者か、いずれかに「ダメ人間」だと烙印を押されます

ということだ。

教師になるような若手は、真面目で優秀な人間が多い。学校でも優等生で、叱られ慣れていない。だから、打たれ弱い。

私も自分で打たれ弱い性格だと自覚している。だから、打たれないように「策略」を巡らせ「予防」しまくる。失敗しないように、抜けがないようにと気をつけながら、なんとか無難に毎日を切り抜けられるようにしているのだ。

しかし、若手は無難に過ごすことは無理だろう。どれだけ気をつけていても、失敗をするはずだ。

今の現場は「戦場」だ。たった1つの失敗が命取りになる。たった1つの失敗で人格否定されるような攻撃を受けることもある。

特に、学級懇談会が怖い。保護者が集団になって担任をつぶしに来る可能性があるから

だ。

事実、私も、学級懇談会の後、職員室で泣く若手を何人も見て来た。

初任者は、それなりの構えを持って、「策略」を練り、学級懇談会に臨むべきだ。

それでも、集中攻撃を受けることはあるだろう。

学級懇談会で集中攻撃を受け、傷ついたとしても、絶対に辞めてはいけない。

どんなに人格否定されようが、とにかく辞めないことが大切だ。
1年目の若手はどれだけ失敗しようが、辞めなければそれだけで十分である。
厳しい1年目を乗り切れば、2年目は絶対に楽になる。

初任者のクラスは8割が荒れると言われている。私の実感では荒れる確率はもう少し高い。しかし、荒れずにすむ初任者がいるのも事実である。

「中村先生はあんなこと言ったけど、大丈夫だった」

こんな風に思えるように過ごせれば、それはそれでよい。嘘つきだと思われても、若手が無事に過ごせれば、それが一番いいことだ。

ちなみに、私は教師は悪口を言われる商売だと思っている。

どんなに私の前で「中村先生が担任で良かったです！」と言ってくださる保護者がいても、信用していない。リップサービスだと思って、話半分に聞いている。

保護者は担任に何かしらの不満を持っていると思っておいた方がよい。そして、陰で集まって悪口を言ったり、メールやＬＩＮＥで悪口をやり取りしているに違いない。

教師は悪口を言われるのもお給料の内

なのである。そう思えば腹も立たない。

また、陰で悪口を言って気が晴れるのなら、とても有り難いことである。教師自身に刃が直接向かってくるよりは、よっぽどいい。傷つかなくて済む。

第１作『策略―ブラック学級づくり』から何度も書いているが、教師は内閣総理大臣のようなものだ。内閣の支持率が１００％はあり得ない。

悪口を言われていることを自覚しながらも、「策略」を巡らせ、内閣支持率を上げていくことが大切なのだ。

「せこい手」も「汚い手」も使え

第1作目の『策略―ブラック学級づくり』の裏面には、

熱意だけでクラスはまわせない！

というキャッチコピーが書かれている。担当編集者の佐藤智恵氏が書いてくださったものだ。非常に気に入っている。「その通り！」と強く思うからだ。

教師は、誠実である。誠実であるから、教師になったのだ。誠実さは我々の特性であるし、「武器」でもある。

誠実さのない教師は、現場では通用しない。我々教師は、もっと特性である「誠実さ」

に自信を持ち、誇って良いと思う。
しかし、キャッチコピーの通り、

「誠実さ」や「熱意」だけでクラスを成り立たせることは不可能なのである。

このキャッチコピーは、そのまま明治図書ホームページに掲載された第1作目『策略―ブラック学級づくり』の「著者インタビュー」のタイトルになっている。このインタビューがなかなか良くできている。若手に伝えたいことが凝縮されているので、転載する。

* * *

熱意だけでクラスはまわせない！～教師は誠実でなくていいので結果を出すことが大切～

―「ブラックユーモア」「ブラック企業」……最近は「ピザブラック」まで！どれも邪悪なイメージがありますが、中村先生はそんなブラックな先生なのですかっ？

なはは。私は邪悪な男ではないですよ。ただ、若手教師を見ていて、「腹黒さ」が足りないと思うのは事実です。教師はみんな誠実なんですけどね。誠実さだけでは、厳しい現場は生き抜けない。

野球に喩えるなら、直球勝負だけではダメだと言うことです。時には「逃げ」の変化球を使う。振り逃げなんていう「せこい」手も使う。隠し球なんていう「汚い」手も使う。

どんな手を使ってでもプロである教師は結果を出すことが大切だと思います。

きれい事だけでは、厳しい現場は生き抜けません。

―「せこい」「汚い」手もですか。先生、カエルのかわいらしいイメージも一転。「日本一のお笑い教師」の仮面がはがれてしまったのでは……？

そうなんですよ。私のイメージが「ブラック」に変わってしまいそうで心配です。編集者に乗せられて、調子に乗って書いてしまいました。私の「ブラックさ」「腹黒さ」を暴露してしまったのは、「日本一のお笑い教師」の「策略」としては、失敗ですね。編集担当者が私より数段「ブラック」だということでしょう。
日本全国3億人の健ちゃんファンが離れていかないか、心配しています。嫌いにならないでね。

―いえいえ私はちっとも、ブラックじゃないですよ（ムッ）。あ！やはり先生もカエル……じゃなくて人間。「策略」どころではなく、どうしてもムッと「感情」的になることもあるのでは……？

―ないですよ。そのためには

自分はプロだという自覚を持つこと

です。
「覚悟」と言ってもいいかな。

くり返し書きますが、教師は誠実でなくてもいいので、結果を出すことが全てだと思っています。

結果を出すためなら、何でもする。自分の感情とかメンツにこだわっても仕方ない。そこは割り切ってやってます。

たとえば私の代名詞である「お笑い」。子どもたちに合わない、結果を出せないのであれば、いつでも捨てる覚悟がありますよ。

—なんと！かっこいいですね。そんな先生が特に読んでいただきたい本書のおススメを教えてください。

私が最近、一番こだわっているのが「予防」です。たとえば、学級崩壊。いったん学級崩壊してしまえば、為す術はありません。だから、

壊れないように「予防」する。

「やんちゃ君」もそうですね。いったん「やんちゃ君」が反抗的になってしまうと、ゲームオーバーです。どんな手を使っても指導は入りません。そこで、「予防」です。「やんちゃ君」が背を向けないように「予防」することが大切なのです。

―そういえば、第2章は「『やんちゃ君』に反抗させない『策略』」について述べられていますね。「やんちゃ君」の「予防」について、もう少し詳しく教えてください。

「やんちゃ君」とは絶対に対峙しないことです。「やんちゃ君」と対決し、言うことを聞かせて勝った気になっている教師をよく見ます。しかし、負けた「やんちゃ君」はおもしろくありません。どこかのタイミングで反抗的になってしまいます。

「やんちゃ君」とは戦わなくてすむように「予防」する配慮が必要なのです。戦わなければ、絶対に負けることはないですからね。私がどんな「予防」をしているかは、『ブラック本』をお読みください。

―読みたくなりますね！では、ここまでお読みくださった先生方に一言メッセージをいただきインタビューを終わらせていただけたらと思いますが……

今の教室は「戦場」になってしまっています。「戦場」では、熱意や誠実さだけでは戦えません。

しっかりと「策略」を巡らせて戦う必要があります。

熱意や誠実さだけを武器に戦ってしまうと、学級崩壊という「敗戦」は目に見えています。メンタルヘルス面で休職、自殺なんていう「戦死」をしてしまう可能性さえあります。本書を読んで、「腹黒さ」を学び、厳しい現場を生き抜いてください。熱意や誠実さなんて、きれい事だけではダメなのです。

＊　＊　＊

う〜ん、今読み直してみても、素晴らしいインタビューだな（自画自賛）。私の言いたいことが凝縮されている。若手教師にうまく伝わるといいなあ。

「教えたくないこと」は教えるな

我々教師は、教える商売である。子どもたちに、いろいろなことを教えてお給料をもらっている。

それは、教師が「教えたい」と思っていることに限らない。

教師は「教えたくない」と思っていることも教えてしまっている。
しかも、無意識に教えてしまっているのだから怖いことだ。

たとえば、「ノートには、字を丁寧に書きなさい」と教えたとする。

それなのに、丁寧に書いた子を褒めない。丁寧に書いていない子を叱らない。やり直しを命じもしない。そんな教師は多い。特に、若手教師に多い。

そうすると、子どもたちは思うだろう。

「丁寧に書いたのに褒めてもくれない。先生の言う通りにがんばっても無駄だ」
「丁寧に書かなくても叱られない。先生の言うことは聞かなくても大丈夫だ」

と。そして、ノートに字を丁寧に書かなくなる。サボることを学習してしまうのだ。

ノートを丁寧に書かなくなるだけですめば、まだ幸せだ。サボりの天才である子どもたちは、ノート以外のこともサボり始める。そして、学級がにっちもさっちもいかなくなる。

そして、学級崩壊である。

そうなっても、仕方ない。教師が「サボってもいいんだ」と教えてしまったのだから。

休み時間にはいろいろな問題が起きる。ケンカが起きたり、暴れて物を壊したり。問題を起こすのが子どもの仕事のようなものである。

となれば、問題を指導し、子どもたちを成長させるのが教師の仕事である。

しかし、休み時間に起こった問題の指導を長々とする教師がいる。授業時間が始まっても、その子たちの指導を続ける。

これ、「かくれたカリキュラム」となって、子どもたちにあることを教えてしまっている。(「かくれたカリキュラム」については、横藤雅人・武藤久慶著『その指導、学級崩壊の原因です！「かくれたカリキュラム」発見・改善ガイド』明治図書を参照)

それは、何か？　一言で言えない程多い。

たとえば、子どもたちはこんな風に思う。

「先生は、あの子たちのことの方が大切なんだな。俺たちのことはどうでもいいんだ」

「この時間は俺たちは自由だ。何をしても許されるんだ」

「先生は、授業を大事に思っていないんだ。授業時間って、そんなに大切なものじゃないんだな」

「時間を大事にしろってうるさいくせに、自分はちっとも時間を守らないじゃないか。言うこととやることとは、違ってもいいんだな」

などなど。授業時間に一部の子への指導を続けるという行為は、これだけ多くのことを「かくれたカリキュラム」として、教えてしまっているのだ。

問題が起きても、指導するのは休み時間限定にするべきである。チャイムが鳴れば、すぐに授業を始める。

短時間で解決できないような大きな問題は後で時間を取る。昼休みなどにしっかり時間をかけて指導すればよい。

いずれにせよ、授業時間を一部の子の指導に使うなんて、もってのほかだ。何よりも、問題を起こしていないその他大勢の子どもたちの学習権は、どうなる？　学習権を保障しない教師なんて、プロ失格だ。というか、全く仕事をしていないではないか。

授業時間を一部の子のためだけに使うなんてことを続けていたら、学級崩壊へまっしぐらである。

教師は教える商売である。
そのことを強く自覚し、「教えたいこと」だけを教えられる教師になろう。

そのためには、自分の振る舞いを客観的にふり返る必要がある。そして、ふり返りを生かし、どう振る舞えば「教えたくないこと」を教えずに済むか？　「策略」を練らなければならない。

「褒める貯金」をしてから、叱れ

第1作『策略―ブラック学級づくり』の第2章では、「やんちゃ君」への対応術を書いた。

私は非常に厳しい学校に何年も勤務し続けている。当然、「やんちゃ君」たちも多い。1年生ですら「クソババア」と罵り、教師に反抗する。1年生ですら「校長、死ね」と暴言を吐く。

そんな子たちが大きくなった5、6年生を担任し続けているのだから、私もたいしたものだと思う。

ちなみに、荒れた学校に勤務し始めてから、私は自分の容姿に不満を持つようになった。私の見た目は、非常に弱そうだからだ。

親友の土作彰氏など、立っているだけで威圧感がある。尊敬する野中信行氏が「立っているだけで縦糸だ」と評する男だけある。

（「縦糸」とは、「教師と生徒の上下関係を基礎とする関係づくり（しつけや返事、敬語、ルールなど）である」野中信行・横藤雅人著『必ずクラスがまとまる教師の成功術！　学級を安定させる縦糸・横糸の関係づくり』学陽書房10ページ。野中氏は、学級づくりでは、まずはしっかり「縦糸」を張ることが大切だと主張されている）

それに比べて、私は立っているだけでは「縦糸」にならない。私の見た目は、とっても弱そうだからだ。

いや、実際に弱い。この間も、広島で行われたセミナー後の懇親会で、若手たちと腕相撲勝負をした。すると、若手教師たちに無様にも全敗。女性２人にも負けてしまうという失態だ。

そんな私だから、もっと強そうな容姿に生まれたかったと不満に思い始めた。もっと威圧感のある容姿なら、「やんちゃ君」たちももっと簡単に私に従うのではないかと。

しかし、こんな容姿でありながら、私は子どもたちからの反乱を受けたことがない。「やんちゃ君」にすら、反抗されたことがない。不思議なことである。

時には、「やんちゃ君」たちを怒鳴り飛ばすこともある。それでも不思議と彼らは私に背を向けない。

なぜだろう？　不思議に思って、理由をいろいろと考えてみた。

まずは、

お説教が短いからという気がする。しかも、叱った後は、サラッとしている。しつこくない。

「やんちゃ君」たちが苦手な物の1つにおばちゃん先生の長々としたお説教がある。私が隣で聞いていても、正直、何を言っているのかよく分からない。「やんちゃ君」たちがイライラしてくるのも理解できる。私の説教は、その真逆だ。

次に、

日頃からお笑いやゲームで子どもたちの心をツカんでいるからの気もする。

私のクラスには笑いが多い。笑顔が多い。子どもたちも「中村先生のクラスは楽しい！」
と言ってくれる。「やんちゃ君」ですらそうだ。

「来年は中村先生のクラスにしてください」
と直訴してくる学校で有名な「やんちゃ君」も何人もいた。

人間、信頼関係があれば、叱られても納得できる。「やんちゃ君」たちとの関係づくりがうまくいっているから反抗されないのだろう。

まあ、この辺りの話は、第1作『策略―ブラック学級づくり』の第2章「『やんちゃ君』に反抗させない個別対応術」を参考にしてほしい。

いろいろ分析してみるが、これらが本当の理由かどうかは分からない。

ただ、これはそうかな？　と思うことが1つある。それは、

私がとにかく子どもたちを褒めている

と言うことだ。

取材などで私のクラスの様子を見に来られた方は、必ず、

「中村先生は本当によく子どもたちを褒めますね」

と言ってくださる。確かにそうだ。

しかも、私は、

名前を呼んで褒めることが多い。
「○○くん、すごい！」「○○さん、やるなあ」こんな言葉を連発する。

多くの教育書に「『10』褒めて『1』叱るのがいい」などと書かれている。

「『○』褒めて」の割合は本によって変わるが、「たくさん褒めて『1』叱る」みたいな書き方は共通している。

私はこの割合は意識していない。しかし、毎日、ものすごい数の褒め言葉を連発しているのだから、たくさん褒めているのは間違いない。

「褒める貯金」のような物があるのだと思う。

たくさん貯金をしているので、叱ることで払い出しをしても、まだ貯金は残っている。

たくさん名前を呼んで褒めて、「褒める貯金」を増やしておく。そうすれば、叱って貯金を減らしても、残高はなくならない

ということだと思う。

第1作の『策略―ブラック学級づくり』から中村の名言を再録しておく。

リスク0、しかも、コストも0の「褒める」という武器はどんどん使うに限る。使わないのは、もったいない。

若手は「策略」として子どもをたくさん褒め、「褒める貯金」を増やしておくことをオススメする。

そうすれば、「やんちゃ君」たちも、簡単には背を向けない。

「後で」シメるな、「先に」シメとけ

1年目の初任者には担任を持たせないという、文部科学省の指定を受けたことがある。これ、すっごく良い制度だと思う。予算がキツイのは分かるが、なんとかならないか。現場に出て、即、一人前の担任として働かせるのはリスクが高過ぎる。最初の1年間はこの指定のように、「担任見習い」のような形で勉強できれば最高だと思う。

その年はA先生という1年目の若手が「担任見習い」の副担任という立場になった。我々5年部に所属し、5年生全クラスの理科を担当していた。私のクラスでも理科はA先生がT1、私がT2である。

基本的に、私はA先生に授業を任せていた。授業の途中にはできるだけ介入しないようにして、放課後、コメントをしていた。自分の責任で授業をしないと、成長できないと思うからだ。

A先生に任せたものの、授業はなかなかうまくいかない。私が後ろに立っているので、授業が成り立たないことはない。

しかし、どうしてもサボる子が出る。教科書を出さない子がいる。一斉音読の時、声を出さない子がいる。挙手で予想を聞いても、手を挙げない子がいる。ノート作業をしない子もいる。1年目なので仕方ないところではある。

A先生が何とかそれに気づくように、そして、注意できるようにしたいと思っていた。しかし、何度指導しても、なかなかうまくいかなかった。

3学期の最初の私のクラスでの理科の授業。A先生が「やんちゃ君」であるBくんにこう言った。

「B、きちんとノートを取りなさい！」

さすがに1、2学期で、子どもを見る目が育ってきたのだろう。Bくんがノートを取っていないのに気づいたのはいいことだ。

しかし、Bくんは、ノートを床に投げつけた。そして、廊下に出て行った。そして、この日からBくんはA先生に背を向けた。反抗し始めたのだ。

当然の結末であると私は思う。

私は1学期から、理科のノートを集めてチェックするように言っていた。このままでは子どもたちは真面目にノート作業しなくなるよ、と。

それなのにA先生はノートを集めなかった。1年目の若手は初任研などで忙しいのかも知れない。

2学期に入ると、私はノートを集めるように言わなくなった。もう手遅れだと思ったからだ。当然のごとく、Bくんは一切ノートを取らなかった。

それなのに、何を思ったのだろう？　いきなり3学期になって、A先生は、

「B、きちんとノートを取りなさい！」

と言ったのだ。

こうなれば、当然、Bくんは反発するに決まっている。今まで全くノートを取らなくても何も言われなかったのに、「いきなり、何、コイツ」と反発しても当然である。

ちなみに、Bくんは、私の授業では真面目にノートを取る。

Bくんは、4年生までは授業に一切参加して来なかった子だ。それでも、私は1学期の最初から毎時間ノートを集め、Bくんのノートが不十分な場合には、やり直しを命じた。

別に頭ごなしに叱ったことはない。ノートに書いていない部分があれば、

「B、ここ書いてないから、やり直しね」

と事務的に言うだけだ。

それでも、Bくんにとって私の授業でノートをきちんと書くことは当たり前になっていたのだろう。やり直しを命じられても、反抗することはなかった。

いや、ぶつぶつ言うことはあったが、放っておいた。しかし、Bくんは、しぶしぶでも必ずやり直して提出した。

私とA先生の違いは何だろう？

4月の最初からブレずに徹底してきたかどうか？　なのだ。
ノートに書くのが「当たり前」になっているか？　書かないのが「当たり前」になっているか？　の差である。

3学期になって今までやって来なかったことをいきなりやってもダメに決まってる。

そうならないためには、4月からブレずに徹底するしかない。

ちなみに、この失敗は若手に限らない。

来年度のことが心配になるからだろうか？　3学期になって、今までやってなかったことをいきなり始める教師は多い。そして、子どもたちから反発を食らう。

学級崩壊の可能性が高いのは、5月、10月、そして、2月である。私は、

2月の学級崩壊の原因には、3学期になってからの担任の遅すぎる無理ながんばりがある

と思っている。

やり始めるなら、早い内から。4月にしっかりと「策略」を巡らせて取り組まないといけない。思いつきで3学期に始めても遅いのだ。

3学期にもなると、その年できなかったことの反省もあるだろう。しかし、その反省は、次の4月になって生かせばいい。

3学期に始めても、手遅れ。もう、遅いのだ。

何をするかは教師が決め、クラスに君臨せよ

同じく私のクラスで理科の授業を担当してくれていた初任者A先生の話である。

ある日、子どもたちががんばって、授業が5分早く終わってしまった。授業は計画していた以上に順調に進み、活発な意見も出た。

しかし、A先生は早く終わって困ってしまったという顔をしている。そこで私はコソッと言った。

「子どもたちががんばって良い授業ができたんだから、ご褒美やったら。この前教えてあげた5分でできるゲームあったろ。あれ、やったら、君の株も上がるよ。ただし、『今日は特別』って言う念押しは忘れずにね」

A先生は私の言葉通り、「ご褒美に、今日は特別」と宣言して、ゲームをした。子ども

たちもものすごく楽しそうで、ゲームを仕切っているA先生も嬉しそうだった。

よほど嬉しかったのだろう。授業後、A先生は、

「中村先生、ありがとうございました。子どもたちが大喜びで、私も嬉しかったです」

とお礼を言いに来た。

A先生の笑顔を見て、私も嬉しくなった。

しかし、私は次のように釘を刺しておいた。


たぶん、次、5分授業が早く終わったら、子どもたちが「ゲームしよう!」って言ってくるよ。

その時は、絶対に断るんだよ。

子どもの言いなりになってはダメだからね。


私も子どもを喜ばせるのが好きだ。A先生だって、そうだろう。我々教師は、サービス精神が旺盛だから、教師になったのだ。

しかし、私は、子ども主導では、楽しませない。子どもたちを楽しませる主体は、教師

である私だ。

子どもたちを楽しませるのは、教師の主導権の元でだけ。
子どもたちの言いなりになっては、学級崩壊への道を突き進むしかない

のである。

次、授業が5分早く終わった時、子どもたちから「ゲームしよう」なんて声が出ようものなら、

「この間は、『特別』って言ったでしょ。授業時間は勉強するものです。いつもゲームする訳にはいきません」

毅然とした態度でこんな説明をする。そして、子どもたちを納得させることができないと困る。

そして、1ヶ月ぐらい後に、5分時間が余ったら、子どもたちから「ゲームしよう！」と言われる前に「今日は特別」と断った上で、教師の方から「ゲームしよう！」と提案すればいい。

いずれにせよ、

授業のリーダーは教師である。授業中に何をするかは、リーダーである教師が決めるのだ。また、教師が決めるものだと、子どもたちに思わせる必要がある。

「教室の主役は、子どもたちです」なんてキレイ事を言う人がいる。

しかし、ブラックな私はこう思う。

教室の「主役」はリーダーである教師なのだ

と。

教師のリーダー性が奪われてしまった教室に、未来はない。

子どもがリーダーになってしまったクラスは、学級崩壊への道を突き進むしかないのである。

言い続けさえすれば、かなう

私は、「当たり前」のことを「当たり前」にさせることにこだわっている。

たとえば、掃除。掃除は一生懸命やるのに、授業はグチャグチャ。そんなクラスはあり得ない。掃除を一生懸命やるクラスは、良いクラスだ。授業にも、他のことにも、一生懸命取り組む。

だから、「当たり前」のことを「当たり前」にさせるのが大事なのだ。

しかし、「当たり前」のことを「当たり前」にさせるのは、実に難しい。

では、「当たり前」のことが「当たり前」にできるクラスと、できないクラスの差は、どこから生まれるのか？　それは、

なのである。

たとえば4月の最初、給食準備に力を入れる学級は多い。

ある年の4月など、6年生5クラス全てが給食準備のスピードアップに取り組んだ。どのクラスも目標は「4時間目終了のチャイムが鳴り終わってから10分以内」である。

私のクラスの給食準備は、速い。それでも、私のクラスが負けることも多かった。他のクラスから先に「いただきます！」の声がすると、子どもたちは悔しがった。そこで、さらなる新記録を目指し、がんばった。他のクラスと新記録を競い合っていたのである。

しか〜し！　である。5月に入ると、他のクラスから「いただきます！」の声が先に聞こえることはなくなった。1学期も終わりの頃になると、10分以内に準備を終えるクラスはなくなった。

いつの間にかライバルが消えていたのである。

他のクラスで、子どもたちがしなくなった理由は、簡単。教師が言わなくなったからである。

この話、給食準備に限らない。掃除にしても、挨拶にしても、朝自習や教室移動にしても、「当たり前」のことが「当たり前」にできなくなってしまうクラスは多い。

4月の始め、あれだけがんばって指導し、できるようになっていたことができなくなってしまっている。

私のクラスとの違いは、

教師が言い続けたかどうか？

だけである。

教師が言わなくなれば、子どもは絶対にしなくなる。

子どもたちにやり続けさせるには、しつこく言い続けるという「策略」しかない。

たかがシャーペン？　許すとクラスは壊れる

２０１５年11月、母校に錦を飾った。母校・山口大学で学生相手の講座を持ったのだ。

ちなみに、あのプロフェッショナル・菊池省三氏（「ほめ言葉のシャワー」実践で有名）も山口大学の出身である。

山口大学、やるなあ。

講座には、現場に出る前の学生が40名以上集まってくれた。私は、彼ら彼女らが厳しい現場の1年目を乗り切れるように、一生懸命講座をしたつもりだ。学生たちに少しは武器を手渡せたのではないかと思う。

最後にQ＆Aを行った。その時、面白い質問が飛び出した。

「自分にはシャーペンを禁止する理由が分からない。子どもたちも納得しないいんじゃないか」

という趣旨の質問だ。

私は山口大学時代、左寄りの思想を持っていた。卒論も「子どもの権利条約」である。

だから、この学生の質問の意図がよく分かる。

子どもに自分が納得できないことを強制するのが嫌なのだろう。

正直言えば、私もシャーペンを禁止する理由に納得していない。中学生はシャーペンがOKなのに、なぜ高学年の子どもたちはダメなのかよく分からないのだ。

しかし、歳取った私は、子どもたちにシャーペンを使うことを禁止している。学校のルールだからだ。

私が学校という組織の一員である以上、ルールに従うのは当然のこと。


私の個人的な意見は関係ない。

プロである以上、私的な意見と公的な意見は区別するべきだ。


また、このQ&Aの時には、学生に次の2点から、納得できなくてもシャーペンを禁止するように言った。

1つ目は、クラスを壊さないためである。もし、校則で禁止されているシャーペンの使用を許可したとしよう。すると、子どもたちは思う。「この先生はゆるいな」と。そして、

シャーペン以外のことでも、自分たちの思い通りにルールを変えようとする。間違いなく「シャーペンはいいのに、これはなぜダメなの?」と教師に言うようになるに違いない。

自分の思い通りにならなければ、教師に反発する。子どものコントロールが効かなくなり、クラスが壊れるのは目に見えている。

2つ目は、同僚との関係を壊さないためである。当たり前だが、校則を守らせない教師は、同僚から白い目で見られる。職員室では浮いてしまうだろう。そして、仕事がやりにくくなってしまう。

校則をきちんと守らせることは、自分の身を守るために必要な「策略」なのだ。現場に出たら、きちんと「ダメなものはダメ」と言える教師になろう。

理屈じゃない「シンプル」さが一番の策略

私は単著を書くのが嫌いである。この単著も、実は嫌々書いている。いや、嫌々書いた物を読者に読んでいただくのは失礼だ。できるだけ楽しんで書こうと思う。しかし、なかなかそうはいかない。

友人の多賀一郎氏などは、書くことが楽しくて仕方ないのだと言う。

多賀氏は、素晴らしい授業や学級づくりを行ってきた「本物」の実践家である。そして、子どもの作文などの具体的なデータをたくさん持っている。だから、すらすら書けるのだろう。

それに比べて、私は「ニセ物」だ。口先ひとつで教育を行ってきた感がある。捨てるのも大好きで、具体的なデータはほとんど手元にない。あるのは、毎年２００号以上は出し続けてきた学級通信ぐらいか。

まあ、書く力からして、多賀氏と私には大きな差がある。

友人の俵原正仁氏も、すらすら書けるタイプである。というかふざけ半分で書いてる。私のような真面目すぎるライターからすれば、俵原氏のように筆の軽い人がうらやましくて仕方ない。

単著を書くのは嫌いだが、編著を作るのは、そんなに嫌いではない。若手からネタをもらえば、私の手持ちのネタも増えるからだ。

以前は、若手に何度も原稿を書き直させていた。それはそれは大変な作業だった。しかし、最近は、若手からネタをもらった時点で、原稿は私が書いている。だから、手間もそんなにかからない。

そして、何よりも若手に執筆機会を与えることができるのがいい。私を慕ってくれる若手に執筆機会を与えられるのは嬉しいものだ。

自慢だが、私の編著を手伝ってもらったメンバーから、中條佳記氏、岡田広示氏、友田真氏、飯村友和氏、松森靖行氏などの単著ライターが誕生している。

彼らの活躍を誇りに思うと共に、自分が本を出すより嬉しい。

前置きが長くなりすぎてしまった。編著の話である。私の専門の1つは、ゲームである。

ゲームを取り上げた単著、編著もたくさん作った。

そんな時、若手からもらったゲームの原稿に「？？？」となってしまうことがある。

ゲームのルールがよく分からないのである。

ゲーム説明のポイントは、「どうなったら勝ちか？」を明示することだ。「どうなったら勝ちか？」とシンプルにそのゲームを説明できないと、ルールは伝わらない。

いろいろと「理屈」を言いたがる人がいる。

この本でダラダラと「理屈」っぽいことを書いている中村健一もその1人である。いや、私のは、「屁理屈」か。

真実はシンプルである。いろいろと理論武装する前に、シンプルに考えてみると良い。

いろいろと理論武装されている本を読む時も、この人は結局何が言いたいのか？　とシンプルに読み解いてみると良いだろう。

たとえば、私は、『フォロー』についての本を2冊も出している。師匠、上條晴夫氏（東北福祉大学教授）との共著『子どもが納得する個別対応・フォローの技術』（学事出版）と編著『学級担任に絶対必要な「フォロー」の技術』（黎明書房）の2冊である。いろいろ難しいことが書いてある。しかし、先に書いたように、私は極論すれば、フォローは、褒めるか叱るかしかないと思っている。

フォローは、対応の技術である。教師が「フリ」をして、子どもたちが「オチ」を担当する。子どもの「オチ」を評価するのが教師の「フォロー」である。

となれば、褒める、叱る以外の方法はない。

このぐらいシンプルに考えると、物事の骨格が見えてくる。骨格が見えれば、ブレることはない。

あれこれ「理屈」を言う人は、実はブレまくっていることも多い。

シンプルに考え、シンプルに実践していくことが教師として成長するために一番大切な「策略」だと思う。結局、シンプルが一番子どもにも届きやすい。

「質」は捨て「量」だけ求めよ

２０１５年２月７日（土）、山口県周南市で行われたセミナーに私は一般参加した。テーマは「有田実践の継承と発展」。講師は古川光弘氏である。

私は古川氏の大ファンである。古川氏に会いたくて参加したのは間違いない。古川氏と懇親会で大いに語ることができて大満足だった。

しかし、それ以上の成果があった。講座の中で有田和正氏の仕事部屋の様子をＤＶＤで見せてくださったのだ。有田氏の著作をたくさん読んだ。講座にも何度も参加した。しかし、仕事部屋の映像を見たのは初めてだった。

有田氏の自宅の仕事部屋の様子は非常に興味深かった。

たくさんの本棚にはビッチリと本が詰められていた。それだけではない。無造作に本や資料が山積みされていた。驚くほどの本や資料の量である。

仕事机の上の天井には地図まで貼ってある。地図帳を開かなくてもパッとわかるようにするためだと言う。

新聞の切り抜きを毎日集めている映像もあった。なんの教材になるか、その時は分からない。気になった物は、あまり考えずに何でも集める。なんとなく面白いなあという「カン」が頼りだ。この辺りの話は読んだり聞いたりしたことがある。しかし、有田氏が嬉しそうに笑顔で語るので、私も嬉しくなった。やはり有田氏の笑顔は最高だ。

新聞などの切り抜きを集めたネタ帳の現物も初めて見た。1冊の厚さは10㎝近く。しかも、使えるのは、その中で2つか3つだと言う。

復刻された『教材発掘の基礎技術』（明治図書）などで有田氏のネタ集めのすごさは分かっていたつもりだ。しかし、この映像には衝撃を受けた。私のイメージをはるかに超えていた。

私も有田氏ほどではないが、多くのネタ本を出版してきた。しかし、このＤＶＤを見て、名人と凡人の差を嫌というほど思い知らされた。

では、名人・有田氏と凡人・中村の差は何か？　圧倒的な情報「量」の差だ。

私も一時期、ネタ帳を作ってネタを集めていたことがある。しかし、あれほどの「量」の本は読んでいない。新聞の切り抜きもしていない。

あれだけ多くの情報から生み出されたネタだから、有田氏のネタは「質」が高いのだ。

たとえば、子どもたちに資料を読み取らせる時、「この資料から分かることを箇条書きします。たくさん書けた人が、エライです」と指示することがある。子どもたちは「たくさん」見つけようとすることで、思わぬ気づきをする。

「量」を求めることで「質」が上がるのだ。

私が10から1のネタを生み出しているとすれば、有田氏は１００、いや１０００から１のネタを生み出している。10分の１のネタと１０００分の１のネタでは「質」が違うのは当然だ。有田氏は、

圧倒的な「量」を集めることで「質」の高いネタを開発していたのだ

と改めて思い知らされた。

また、私のネタは本を出すことが決まってから集めたものが多い。たとえば『歴史壁面クイズで楽しく学ぼう』（黎明書房）を作った時には、この企画が決まってから歴史の本をむさぼるように読んだ。ものすごく大変だった。正直、無理矢理ひねり出したネタもある。

有田氏のように毎日マメに本や新聞から得た情報をストックしておけば、こんな苦労はせずにすんだだろう。また、「質」も下げずにすんだだろう。

改めて有田氏の「量」のすごさに驚いた。

ここでは、あえて本や新聞から「教材」を開発するノウハウについて詳しくは述べない。ノウハウを知りたい方は有田氏の『教材発掘の基礎技術』を読めばいい。私も今回の復刻を機会に読み直したが、非常に勉強になった。

それにしても、昔の教育書は面白いなあ。私のような凡人が「普通の」学級づくりや授業づくりについて書く本とは明らかにレベルが違う。

若手の修行も「質」を求めてもうまくいかない。

たとえば、1冊の教育書を精選して読むよりは、10冊の本を乱読した方が良い。

若手は、そもそも、どの教育書が自分の役に立つかなんて分からない。10冊読めば、それらの本のどこかがヒットするだろう。そうやって、たくさんの「量」を読んでいけば、自分に必要な本が分かるはずだ。そうなってから、「質」を求めればいい。

とにかく「たくさん」の本を読む。とにかく「たくさん」のセミナーにでかける。とにかく「たくさん」の研究授業をする。とにかく「たくさん」の優れた授業を追試する。とにかく「たくさん」の学級通信を書く。とにかく「たくさん」の実践記録を書く。

とにかく「たくさん」と、「量」にこだわって修行するという「策略」が大切だ。「たくさん」していく中で、必ずポイントが見えるはずだ。そうすれば、「質」も上がる。

要領よくなんて思わずに、要領悪く学ぶことが大切だ。

無駄だったかな、なんてことが、結局後でものすごく役に立つことも多い。

教師の「好き嫌い」は捨ててしまえ

私は「日本一のお笑い教師」というキャッチフレーズを持っている。私が主戦場としている出版社・黎明書房がつけてくれたものだ。

もちろん、私がもともと「お笑い」好きだということはある。

しかし、だからといって、「好き」という理由だけで教室に「お笑い」を取り入れている訳ではない。

教師の個人的な「好き」「嫌い」だけで教室を経営していたら、そんなクラスはあっという間に学級崩壊してしまう。

教師は自分の「好き」「嫌い」を排除して、教室に必要なことを取り入れなければならない。

では、なぜ私が教室に「お笑い」を取り入れているのか？

笑いがないのは、崩壊学級の特徴だからだ。

ある時、崩壊学級にサポートに入り続けている教頭がボソッと言った。

「あのクラスも、みんなでドッと一緒に笑う瞬間があると良いのだけれど……」

これ、その通り。崩壊学級には笑いがない。あるのは妙な薄ら笑いだけである。

そこで私は、「お笑い」を大切にしている。意識して、クラスみんなでドッと笑える瞬間を作っているのだ。

自分が「好き」なことでも、教室に悪い影響を与えると判断すれば、取り入れない。
自分が「嫌い」なことでも、教室に良い影響を与えると判断すれば、取り入れる。

プロ教師として当然のことである。

ちなみに、私が「お笑い」を取り入れているのは、学級を成り立たせるため以外にも理由がある。

私は若い頃から、師匠の上條晴夫氏に仕事をもらって、教育雑誌や上條氏の編著にたくさん執筆させていただいた。

上條氏は、私のことを「タフに書ける」と評してくださっていた。私は教育書おたくである。若い頃から、教育書に執筆したくて仕方なかった。だから、上條氏から依頼があれば、嬉しくて仕方なかった。

上條氏の編著では、私が原稿を一番早く書いて提出した。だから私の原稿がモデルとして、上條氏に斬られることが多かった。

文章が下手でも、実践がダメでも、たくさん書く意欲だけはある。その点を上條氏は買ってくださっていたのだろう。

しかし、その一方で、上條氏にとって、私は何が得意か分からない男だったようだ。

「中村さんはさあ、依頼をしたらそれなりの原稿は仕上げてくれるんだけど、正直、何を依頼していいのか分かんないんだよね。『このテーマの原稿なら、俺に寄こせ』って言うのが欲しいよね」

飲み会の席でこんなことを言われたのを覚えている。

そんな私が自分の得意ジャンルを持てるようになったのは、上條氏が「お笑い教師同盟」を立ち上げてからである。

私が教室で自然にやっていることを原稿に書くと、ウケた。そして、「お笑い」をテーマにした本や雑誌原稿の依頼がどんどん来た。雑誌の連載まで決まった。単著も出せた。

教育書おたくの私にとって、「お笑い」は教育書の世界で生き残っていくための一番の武器なのである。

だから、教室に「お笑い」を持ち込んでいるという理由もあるのだ。こんなことを考えて実践している私は本当に腹黒いヤツだなあと思う。

そんな私が「お笑い」とは逆の『ブラック本』を書いてしまった。私の腹黒さを暴露してしまうと、中村健一の「お笑い」に引いてしまう読者も出るかも知れない。

う〜ん、『ブラック本』を書くという「策略」は失敗したかも……。

『ブラック本』を3冊も出して、やっと反省し始めた今日この頃である。

「普通」で十分、「オリジナリティ」は隠せ

若い頃の私はオリジナリティにこだわった。新しい実践、誰もやったことのないような実践を目指していた。教育界のオンリーワンになりたかったのだ。

たとえば、築地久子氏の実践に憧れた。築地氏の授業など、誰にも真似できない。まさにオンリーワンの典型だろう。（落合幸子・築地久子著『築地久子の授業と学級づくり1教育実践の全体像を描く』明治図書などを参照）

しかし、「普通」の教師である私にそんなことができる訳もない。新しい実践、誰もやったことがないような実践はことごとく失敗した。

いや、私が「新しい」「誰もやったことがない」と思っていただけだ。きっと、誰かがやったことがあったはずだ。しかし、良い方法ではないので、世に残っていなかっただけ

である。

今の私はオリジナリティにこだわらない。「普通」のことが「普通」に、「当たり前」のことが「当たり前」にできれば十分だ。

歳取った私は「普通」の大切さも、「普通」の難しさも知っている。だから、

先人の知恵を借り、真似をして「普通」の学級を成り立たせている。もちろん、私の今までの経験上、失敗のない、リスクの少ない方法を選んでである。

面白い実践は、リスクを伴う。万が一失敗してしまったら、それが命取りになってしまう可能性だってある。今どきの保護者も子どもも、教師の失敗に対して、寛容ではない。非常に厳しい目で見ている。たった一度の失敗が学級崩壊につながることだってあるのだ。だから私は、学級崩壊しないように失敗の可能性の少ない実践をする。

「学級崩壊しないための実践はつまらない」

そう豪語する大実践家もいる。その方は、相当な力を持った方に違いない。いや、ひょっとしたら、私が勤めてきたような困難校での経験がないのかも知れない。

しかし、私は、多くの崩壊学級を目の当たりにしてきた。子ども、保護者に辞めさせられた同僚、仲間も多い。

こんな状況で「学級崩壊しないための実践はつまらない」なんて台詞は、理解できない。私の周りの現実と合わない。何か「キレイ事」のように聞こえてしまう。

私は、学級崩壊が日常茶飯事という状況の中で生きてきた。多くの仲間たちが教師を辞めていくという状況の中で生きてきた。

そんな厳しい現場で「普通」のクラスを成り立たせることができれば、十分ではないか。「普通」の教師である私が、体も心も壊すことなく過ごせれば、それで十分ではないか。これからの教室に必要なのは、新しい実践、誰もやったことがないような実践を行うような「派手な策略」ではない。

できるだけ失敗の可能性が少ない、リスクを排除するような「地味な策略」こそが必要なのだ。

私は、これからも「学級崩壊しないための実践」を堂々とやっていこうと思う。

ワンランク上の「策略」あるシメ方とは？

これは、ちょっと高度な「策略」の話。若手たちには難しいかも知れない。しかし、私がどうやって「策略」を巡らせているか？　よく分かるエピソードである。少々長くなるが、若手たちのために紹介しておく。

私が５年生を担任していたある年、６年生が非常に荒れていた。６年生５クラス中２クラスが学級崩壊。残りの３クラスも、ほぼ学級崩壊状態という荒れっぷりである。

その学校では卒業式に参加するのは、５年生と６年生だった。５年生は落ち着いていたが、６年生の雰囲気に負け、流されてしまう可能性は十二分にある。

そこで、この年は卒業式に向け、相当に「策略」を巡らせて学年指導をした。

卒業式まで、どの場面で子どもたちを褒め、どの場面で子どもたちを叱るかを「策略」として先に決めておくのだ。

まずは、「6年生を送る会」である。その学校では毎年「6年生を送る会」の企画・運営を5年生が担当していた。

5年生が全校の中心となって「6年生を送る会」を成功させる。その成功体験で大きく成長し、卒業式に向かう。卒業式でも6年生と保護者のためにがんばる経験を通して、最高学年へと成長していく。

これが例年のストーリーである。例年なら、このストーリーを基に「策略」を巡らす。

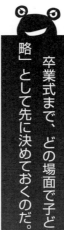

しかし、この年は6年生がひどすぎた。このストーリーは通用しそうにない。そう判断した私は、「6年生を送る会」の後にダメ出しをしようと目論んだ。

それでも、せっかく初めて全校の中心となって取り組んだ集会である。全てダメ出しして、失敗体験だけで終わるのは良くない。そこで、

「6年生を送る会」の後、半分は褒めて、半分は叱る

という「策略」を決めた。そこで、次のようにフることにした。

「6年生を送る会は誰のために行われますか?」(中村)

「6年生!」(5年生全員が声を揃えて)

「そうです。自分のためにがんばれるのは当たり前。6年生のため、人のためにがんばれるのが最高学年です。君たちはこの経験を通してしか、最高学年になれません。6年生のためにがんばって最高学年に成長してください」(中村)

「はい!」(5年生全員)

「6年生のためにがんばれることが2つあります。1つ目はなんですか?」(中村)

「喜ばせる!」(5年生全員)

「そうです。まずは、心のこもった出し物をして6年生を喜ばせてあげてください。クイズの企画を工夫して、6年生を楽しませてあげてください。6年生のためにがんばれること、2つ目はなんですか?」(中村)

「安心させる！」（5年生全員）

「そうです。6年生は不安に思っているんです。『俺たちが卒業して、この小学校は大丈夫だろうか』って。君たちが立派な姿を見せて、6年生を安心させてあげてください。君たちがピシッとしたオーラを送れば、下の学年だってピシッとするはずだからね。全校の立派な態度で6年生を安心させてね」（中村）

こんなやり取りを何度も何度もくり返した。「喜ばせる！」は成功して褒める。「安心させる！」は失敗して叱る。そのゴールに向かっての「フリ」成立である。

実際の「6年生を送る会」は、私の予想通りだった。心のこもった出し物を6年生にプレゼントすることができた。クイズ大会も大いに盛り上がった。

「君たちの『お陰』で6年生は喜んでたよ。最高の思い出になったと思う。バッチリ喜ばせることができた。人のためにがんばれた自分たちに拍手〜！」

半分は、褒めた。ものすごく褒めた。しかし、1、2年生の態度が悪かった。そりゃそうだ。前に座っている6年生の態度が悪いのだから無理もない。5年生の態度は良かった。6年生を安心させようと一生懸命だった。それでも、私は叱った。

「君たちの『せい』で6年生は安心できない。君たちがもっとピシッとしないから、1、

2年生が騒ぐじゃんか。君らの『せい』だ！　もっと背筋を伸ばしてピシッとした『気をつけ』をしなさい」

5年生全員の表情が一瞬で凍るぐらいの迫力で怒鳴ったのである。

ここでゆるめることがなかったからなのか、卒業式での5年生の態度は素晴らしいものだった。来賓の方からも5年生の態度が大絶賛された程である。

卒業式が終わった後、私が5年生全体の前に出た。子どもたちに緊張が走る。「6年生を送る会」でダメ出しをした私である。子どもたちは何を言われるか？　不安そうだ。

「卒業式は誰のためにありますか？」（中村）

「6年生とその保護者！」（5年生全員が声を揃えて）

「自分のためにがんばるのは当たり前。人のためにがんばれるのが最高学年です。ずっとジッと座ってるなんて大変だよ。それでも、6年生のため、保護者のため、がんばり続けて卒業式を成功させたと思う人？」

子どもたちは全員、自信を持って手を挙げた。手の挙げ方もピシッと伸びていて、いつも以上にきれい。やる気と自信を感じさせてくれた。そこで、私はこう言った。

「先生は、成功だとは思っていません……」

子どもたちの表情が曇った。「えっ⁉」と心配そうな、泣きそうな表情の子もいる。

ここで、続けて、言う。

「……大成功です！　本当に素晴らしい態度だったよ。あんな姿勢を続けるのはきつかったろうにね。人のためにがんばれる君たちは、本当に素敵だ。大成功の卒業式をありがとう。素敵な自分たちに拍手〜！」

「大成功です！」の言葉に子どもたちの笑顔がはじけた。そして、嬉しそうに拍手をした。

この5年生は、入学式もがんばり、素晴らしい6年生になった。

私はこのように、どこで叱って、どこで褒めるかを「策略」として先に決め、子どもたちを成長させている

のだ。「策略」がヒットして子どもたちを成長させることができると本当に楽しい。教師になって心から良かった！　と思える瞬間だ。

こんな瞬間が減っているところに、今の教育現場の危機がある。

教師が「夏休みが大好き」で何が悪い！

夏休みの週末は、講座を行うことが多い。
8月も半ばを過ぎた頃から行う講座のツカミで、私はこう叫んでいる。

みなさん、もうすぐ夏休みが終わりますね。2学期が待ち遠しいという人いますか？ 私は、……全く待ち遠しいなんて思いません。夏休み、大っ好き！ よく大実践家とかでいるじゃないですか。「2学期が待ち遠しいです。早く子どもたちに会いたいです」とか言う人。「ウソっつき！」って思いますもんね（笑）。誰だって、夏休みがいいに決まってる！ 中村は、夏休みが大好きです！

拍手喝采を浴びることが多い。多くの参加者も同意見なのだろう。

この言葉、強がりでもなんでもない。私は本当に夏休みが大好きだ。間違いなく1年のうちで夏休みが一番好きだ。

夏休みは、いつもよりも、たっぷりと自分の時間がある。やりたいことができる。

今年の夏休みもたくさんの講座をさせていただいた。編著を2冊、そして、この単著を1冊、計3冊の本を作った。日頃勤務しながらだったら、1ヶ月で3冊書くなんて無茶はできない。夏休みならではの特権だ。

そして、何よりもクラスの子どもたちのことで、余計な心配をしないでいいのがいい。保護者からの電話がかかってくることも、まずない。

私は夏休み中は、クラスの子どもたちの存在すら忘れてしまっている。こういう、

オン、オフの切り替えができるのがプロ教師だと思う。365日ずっと、24時間ずっと、プロ教師を演じてはいられない。

毎年夏休みの最初の頃にフジテレビ系で「27時間テレビ」が放送される。今年も夏休み

が来たんだなあと嬉しくなる。毎年夏休みの終わりに日本テレビ系で「24時間テレビ」が放送される。今年も夏休みが終わってしまうんだなあと寂しくなる。キリキリと胃が痛くなる。正直、「学校が始まるのは嫌だなあ」と思う。

こんな私は教師失格だろうか。いや、

こうやってオン、オフの切り替えができているから、大きな病気の1つもすることなく、20数年間も厳しい現場でがんばれているのだと思う。

私は、夏休みなどの長期休業はもちろん、土日などの休日でもできるだけ学校のことは考えないようにしている。

いや、平日でも、家に帰れば、学校のことは考えないようにしている。

24時間ずっとプロ教師でいようとすると、絶対に無理が来る。若手にも私のようにオン、オフの切り替えが上手にできるようになって欲しい。

しかし、若手には難しいことだろう。そこで、まずは、夏休みを楽しむことから始めよう。子どものことなんて忘れてしまえばいいのだ。

「先生」なんて偉いもんじゃない、「エンターテイナー」たれ

私は、人を喜ばせるのが好きだ。だから教師になったと言ってよい。そんな私は、

教師はエンターテイナーとして、観客である子どもたちを喜ばせることが大切だ

と強く思っている。また、

授業は、私の作品だ。学級も、私の作品だ

とも強く思っている。

だから、私は、毎日が楽しい。様々な演出で、良い授業を作る。良い学級を作る。それで、子どもたちが喜んでくれると、私も嬉しいからだ。

教師という仕事は、「ものづくり」に似ている。まさに、私には天職。教師って本当に良い商売だと心から思う。

たとえば、子どもにお土産を渡す時である。こんな時1つでも、私は様々な「演出」で子どもたちを楽しませている。

私は講座で遠征に出かけることが多い。遠征の時は、クラスの子どもたちにお土産を買ってくることにしている。お土産といっても、小さなおまんじゅう1つ程度。他のクラスの手前、豪華なお土産にならないようにしているのだ。

小さなおまんじゅう1つ程度でも、子どもたちは大喜びしてくれる。そして、「中村先生のクラスで良かった！」と思ってくれる。安いお土産ですむのだから、非常にコストパフォーマンスのよい投資である。

お土産を渡す時には、「お約束」がある。「中村先生のこと、好き?」と聞くのだ。そして、もちろん、子どもたちは「大好き！」と答える。

たとえば、夏休みは遠征で行った中で一番遠い所のお土産を用意する。そして、2学期の最初、子どもたちに次のように聞く。

「夏休み、中村先生に会えなかったのでさみしかった人？」

お土産をちらつかせながら言うと、子どもたちは全員手を挙げる。

「中村先生のこと、好きですか？」

こう聞くと、もちろん全員が「大好き！」と答える。ある年の「やんちゃ君」など、必ず「愛してます！」と言ってくれていた。それでいつもクラスは大爆笑だった。

「先生もだよ。君たちに会いたくて会いたくて、死にそうだった。だからね……旅行先でも君たちのことを思い出して、……お土産を買ってきました！」

ここでお土産を取り出すと、「やった～！」と歓声があがる。

また、お土産は2種類か3種類、買ってくることが多い。たとえば、おまんじゅうとクッキーである。おまんじゅうとクッキーの2種類があることを説明し、デジビンゴ（ビンゴの番号が出る機械）で抽選する。デジビンゴで当たった出席番号の子から好きなお土産を選べるのだ。これだけのことだが、ものすごく盛り上がる。

さらに、お土産は、クラスの人数よりも少し多く買っておく。たとえば今の私のクラスは33人だが、36個ぐらいのお土産を用意するのだ。

全員がお土産を取り終わった後、私は、

「あれっ⁉　おかしいな。お土産が少し余っちゃった……どうしようかな？」

と言う。すると、「欲しい！」と声が上がる。

まあ、これもいつもの「お約束」なのだけれど……「お約束」は間違いなく最高に盛り上がる。

ウルフルズのライブの最後、「いい女」でトータスが消える。ケースケの「トータスに会いたいか？」の問いかけに、観客は「イエ〜イ！」と歓声を上げる。そして「トータス、トータス、トータス……」とコール。コールに応えてトータス登場である。私は、こういう「お約束」、大好き。子どもたちも、大好き。

ここでもう一度、「中村先生のこと、好きですか？」と聞く。もちろん、子どもたちは「大好き！」と答える。

しつこいようだが、くり返し言わせることが大切だ。人間、口に出して言っていれば、本当にそうなっていくものである。（未確認情報。よそでは言わないでください・笑）

子どもたちも「大好き！」と声に出して言っているうちに、本当に先生のことを大好きになっていく。

子どもたちが「大好き！」と言えば、「そうかあ、そんなに好きなら仕方ない。この余ったお土産、大好きなみんなにプレゼントしちゃいましょう！」と言う。そして、この余ったお土産をかけてのジャンケン大会が実に盛り上がる。

全員起立して、私とジャンケンする。負けた人から座って行き、最後まで生き残った子たちが余ったお土産ゲットである。

長期休業明け限定だが、スペシャルお土産を用意することもある。

1つ100円か200円程度のお土産を2、3個用意するのだ。これも、ジャンケン大会の勝者やデジビンゴで当たった子がゲットできるようにする。スペシャルお土産をかけて、簡単なミニゲームをするのも楽しい。

クラスの他の場面でも、授業でも、私は様々な演出をして盛り上げ、子どもたちを喜ばせている。

子どもたちは、睡眠時間を除けば、1日の多くを学校で過ごしている。その学校が楽しくなければ、人生はつまらない。

教師はエンターテイナーとして、子どもたちを喜ばせよう。できあがったクラスも授業も、全て自分の作品なのだ。

大人ブラックのススメ

『教師のチカラ』（日本標準）の「教師魂」というコーナーの取材を受けた。

取材場所は「お笑い教師」らしく、浅草。浅草演芸ホールの前でカエルのかぶり物をして、プロのカメラマンの方に写真を撮っていただいた。

その時に通りかかったカップルの「売れて欲しいよね」という会話が印象深い（笑）。

インタビューは浅草の老舗喫茶店で行われた。水出しコーヒーで有名な店らしい。しかし、コーヒーではなく、私はビールを注文した。なので、私は饒舌だった。

そんな中、第1作目の『ブラック本』の話題になった。その時の編集者・郷田栄樹氏の言葉が非常に印象に残っている。

中村先生は、若手に早く『大人』になれって言ってるんだよね。昔は通過儀礼みたいなのがあって、「子ども」から「大人」になれば良かったんだけど、今は違うって。

なるほど！　と思った。さすが敏腕編集者である。

私が若い頃、左寄りの思想を持っていたことは結構有名だ。『中村健一―エピソードで語る教師力の極意』（明治図書）や『達人教師の20代』（日本標準）などでカミングアウトしている。

若い私は、「子ども中心の教育」という理想を持っていた。しかし、現実は甘くなかった。理想だけでは、子どもは動かない。成長しない。私は、自分の理想を実際に試し、打ち砕かれる経験を通して、現実主義者になっていったのである。

自分で試し、自分で気づき、自分で変わったのだから、納得だ。

しかし、今の若手は失敗が許されない。たった1つの失敗が命取りになってしまう。

だから、頭で冷静に考えるしかない。「腑に落ちる」経験がなくても、失敗しないような「策略」を練るしかないのである。

まさに郷田氏が言われるように今の若手は「通過儀礼」を経ずに「大人」にならないといけない。本当に大変だと思う。

私は若手たちに「黒くなれ！」と言う。「『策略』を巡らせて教育を行え」と言う。

こんなことを言う「大人」は嫌かも知れない。

いや、もともと理想に燃える「若者」に対して、訳知り顔の「大人」は反発の対象だろう。若手にとって、私は「敵」だと思う。

それでも私は、若手を「仲間」だと思う。だから、若手に「大人」になることを求める。

一刻も早く「大人」にならないと、厳しい現場を生き抜けないからだ。「大人」にならないと、学級崩壊で苦しんだり、心や体を壊して病休になったり、教師を辞めたり、自殺したりしてしまうからだ。

だから、私は、嫌われても、言う。

若手教師よ！　1日も早く「大人」になれ。

それが厳しい現場を生き抜く術である。

【著者紹介】

中村　健一（なかむら　けんいち）

1970年，父・奉文，母・なつ枝の長男として生まれる。
名前の由来は，健康第一。名前負けして胃腸が弱い。
酒税における高額納税者である。
キャッチコピーは「日本一のお笑い教師」。「笑い」と「フォロー」をいかした教育実践を行っている。しかし，『策略―ブラック学級づくり　子どもの心を奪う！クラス担任術』でその真の姿，「腹黒」をカミングアウト。

【主要著書】

『策略―ブラック学級づくり　子どもの心を奪う！クラス担任術』（明治図書）
『策略プレミアム―ブラック保護者・職員室対応術』（明治図書）
『子どもも先生も思いっきり笑える73のネタ大放出！』（黎明書房）
『担任必携！学級づくり作戦ノート』（黎明書房）

策略―ブラック授業づくり　つまらない普通の授業にはブラックペッパーをかけて

2017年2月初版第1刷刊　©著　者　中　村　健　一
2022年1月初版第9刷刊　発行者　藤　原　光　政
発行所　明治図書出版株式会社
http://www.meijitosho.co.jp
（企画）佐藤智恵（校正）松井菜津子
〒114-0023　東京都北区滝野川7-46-1
振替00160-5-151318　電話03(5907)6703
ご注文窓口　電話03(5907)6668
＊検印省略　組版所　共　同　印　刷　株　式　会　社

Printed in Japan　ISBN978-4-18-240015-5